UNIVERSITÉ DE FRANCE. — ACADÉMIE DE RENNES.

FACULTÉ DE DROIT.

THÈSE POUR LA LICENCE

JUS ROMANUM... De Censibus.

DROIT FRANÇAIS. Droit administratif. — De l'Impôt foncier.

CETTE THÈSE SERA SOUTENUE LE 21 JUILLET 1873,

A DEUX HEURES DU SOIR,

Par M. Jean-Marie-François FILATRE,

Né à Saint-Méloir-des-Ondes (Ille-et-Vilaine).

EXAMINATEURS :

MM. BODIN, doyen; DURAND, professeur; MARIE, WORMS, agrégés chargés de cours.

RENNES,

Typ. Oberthur et fils, imprimeurs de l'Académie.

1873.

A LA MÉMOIRE DE MON PÈRE & DE MA MÈRE.

A MES SŒURS.

A MON ONCLE.

JUS ROMANUM.

De Censibus.

(Dig., l. 15; Cod., XI, 57.)

Primus Romæ temporibus, erat quoddam tributum, non ex fortuna, sed in capita collatum : capitatio injusta, quum æqualiter et discrimine nullo cives tam pauperes quam divites gravaret; quare cito evanuit. In loco fuerunt census, de quibus dissertandum est.

Hæc est institutio per quam populi Romani, populorumque quos Roma suam sub potestatem subjecerat, numerus et possessiones computabantur, atque publicis in litteris referebantur. Cujus origine, diversisque finibus breviter propositis, prima parte narrabo quid census, quum vigerent imperatores, essent; secunda parte, de vectigalibus quæ fundis imponebantur (nec ita ultra propositi fines vagari mihi videbor), pauca dicam.

Servius Tullius censum primus constituit. Quisque paterfamilias in codicibus inscribebatur, statusque ejus; familiam suam omniaque bona, adhibito jurejurando, profiteri debebat. Sic ex fortunis civium populi divisio sumpta fuit: totus in classes et centurias distribuebatur. Constitutæ fuerunt sex, ait Titus Livius, classes, pro ratione divitiarum cujusque, et fere ducentæ centuriæ. In prima classe, quæ cives ditissimos includebat, plures erant centuriæ quam in cæteris una collectis, ita ut proletarii, ultima classis, quamvis multi essent, unam centuriam componerent. In comitiis autem, ut leges conderentur, quæque centuria suum suffra-

gium habebat. Sic potestatem tenebant cives ditiores. Servius-Tullius, ait
Cicero, ita cives distribuit ut suffragia non in multitutidinis, sed in locu-
pletium, potestate essent; curavitque, quod semper in republica tenen-
dum est, ne plurimum valeant plurimi (*De Republica*, II, 22). Non igitur
tantum ad imponenda tributa pertinebat hæc institutio, sed etiam ad
civilem statum. At, ut cives, mutata fortuna, diversas inter classes recte
distribuerentur, quintis annis fiebant novæ professiones.

Amoto Tarquinio, quamdiu viguit respublica, idem census finis fuit,
magnaque auctoritas magistratuum qui censum agebant. Ut autem, republica eversa, summa potestas ad imperatores tota defluxit, sua pristina
jura civitas, suum pondus censores amiserunt; jam unus fuit census finis,
id est ut ex eo cognoscerent qua parte cives publica vectigalia tolerare
deberent. Quin etiam, nullum fuit propositum, ex Caracallæ constitutione,
cum omnes imperii Romani incolæ jura civitatis consecuti sunt.

PRIMA PARS.

In prima parte dicemus qui magistratus censum agerent; quæ in
codicibus inscriberentur; quomodo fieret hæc inscriptio.

§ I.

QUI MAGISTRATUS CENSUM AGEBANT.

Primo, quum census constitutus fuit, a rege ipso conficiebatur; regibus
expulsis, a consulibus, qui eadem potestate, at per annum tantummodo
fruebantur.

Deinde vero, cum consules non sufficcrent et continua bella sæpius
illos procul detinerent, duo magistratus huic quoque officio constituti
sunt, et ex censu censores dicti sunt. Quorum Cicero summum pondus
et munera nobis exponit : « Censores ævitates, soboles, familias, pecunias
censento, urbis templa, vias; aquas, ærarium, vectigalia tuento; populique
partes in tribus distribuunto. Pecunias, ævitates, ordines partiunto.
Cælibes esse prohibento; mores populi regunto; probrum in senatu ne
reliquunto. Bini sunto. Magistratuum quinquennium habento. Eaque
potestas semper esto (Cic., *de Legibus*, III, 3). »

Quot et quam multa censorum essent officia hæc verba nobis ostendunt.
Non tantummodo civium professiones, ut libros censuales ederent, acci-
piebant, sed etiam civium mores castigabant. Sic Cato censor gravi

vitiorum emendatione cognomen invenit. Saltem, libertate destructa, censorum hæc egregia potestas evanuit, et jam reipublicæ temporibus quædam ex illorum officiis aliis magistratibus credita erant.

Ad principes, qui summum imperium erant adepti, censoria quoque potestas defluxit. Quum autem, sicuti consules, hanc potestatem ipsi non possent exercere, novis magistratibus qui vocati sunt censitores, id est minores censores, illam commiserunt. Auctoritas vel censitorum maxima erat, quum civium professiones adhuc reciperent, et tabularum essent fundamentum illæ censuales professiones. Jam vero non singulis annis iterabatur census, sed solummodo post quintum decimum annum. Vel etiam ex imperatoris Honorii jussu, non renovatus fuit census, a quodam peræquatore confectus : « Peræquationem Agapii, ut dicit, in perpetuum manere censemus (Cod. Théod., l. 13, *de Censit*). » Attamen antiquum censum semper emendare poterant, novos autem orbis universi census jam non edere.

Censitoribus superiores erant alii magistratus qui *peræquatores* vocabantur. Peræquatores, inspectis prædiis, æquabili ratione censum imponebant; nihil aliud igitur erant quam census retractores. Censitorum descriptiones revisebant, ut inter omnes cives æque vectigalium onera distribuerentur. Non tantum enim in errores labi poterant censitores, sed etiam sæpe per collusionem potentiorum sarcinam ad inferiores transferebant, gravioribus oneribus prementes honestos cives qui dolis indulgere nolebant. Quibus vitiis et erroribus peræquatores mederi conebantur. Cæterum, censitores culpæ conscii, bona amittebant; atque, ut magistratum pro dignitate, nec fraude, nec incuria, nec gratia deterriti, sustinerent, pœna magna mulctabantur. « Non solum, aiunt Arcadius et Honorius, honorum jacturam, sed etiam annonarum in quadruplum mulctam subire debebunt : ea vero quæ in damnum provincialium fuerint accepisse convicti, in quadruplum cogentur restituere. »

Peræquatores ipsi inspectoribus, quorum in censu summa potestas erat, submittebantur. Eis mandabat auctoritatem suam præfectus prætorio, ut quid in censendo male actum esset scrutarentur, et sæpe ipsi de querela, cognita causa, statuebant.

§ II.

QUÆ IN CENSU INSCRIBEBANTUR.

Sicuti supra diximus, ut census ederetur, civium bona inscribebantur, unde cujusque dignitas æstimabatur et fiebat populi divisio. Quæ vero inscribebantur? Non aliter res computabantur, ut aliquot affirmant, nisi quæ mancipi dicebantur, quarum numerus certus erat : « Mancipi sunt, ait Ulpianus, prædia in italico solo, tam rustica, qualis est fundus, quam urbana, qualis domus; item jura prædiorum rusticorum, velut via, iter, actus, aquæductus; item servi et quadrupedes quæ dorso collove domantur, velut boves, muli, equi, asini. » Subjiciunt hoc certius effici ex Festi quadam definitione : « Censui censendo agri proprie appellantur qui et emi et venire jure civili possunt. » Et adhuc ex quadam sententia Ciceronis : « At hæc prædia etiam in censu dedicavisti..... Illud quæso, sintne ista prædia censui censendo, habeant jus civile; sint, necne sint mancipi : subsignari apúd ærarium, apud censorem possint; in qua tribu denique ista prædia censuisti (Pro Flacco, 22). » Festi verba maxime generalem habent significationem. Etenim non tantummodo mancipationem suscipiunt, sed etiam cessionem in jure et adjudicationem, quæ res mancipi aut nec mancipi amplectuntur. Vaga vero est Ciceronis sententia. Nos putamus res nec mancipi censui quoque fuisse adscriptas. Sic exponunt qui sentiunt aliter cur tanti ponderis esset rerum mancipi a rebus nec mancipi distinctio; nam ea quæ viam ad honores et suffragium patefaciebant, non aliter, nisi interveniente publica potestate, aliena fieri poterant, id est cessione in jure, mancipatione, legato aut adjudicatione. Intererat enim reipublicæ ne jura quæ publicum ad statum pertinebant, ex alia persona in aliam transmitterentur. Eadem causa prohibebat ne mulieres, invitis tutoribus, res mancipi alienarent. Saltem, republica eversa, census natura mutata fuit. Tunc ex censu fere nulla civibus jam jura competebant; id tantum efficiebat census, ut vectigalium indiceretur taxatio. Quæ sola, post Caracallæ constitutionem, census causa fuit, et

Justinianus a se sublatam rerum mancipi divisionem denuntiat, et dominii ex jure Quiritium hanc antiquam subtilitatem.

Fortuna civium ex census descriptionibus ac professionibus æstimabatur. Cuique patrifamilias caput quoddam aperiebatur, ibique recensebantur nomen ejus, ætas; uxoris nomen; filiorum filiarumque et nepotum potestati subditorum numerus, ætas, sexus; servorum numerus et cujusque servi gens, ætas, officia, artificia. Addebatur auri et argenti vis, animalium numerus, jugerum latitudo. Non igitur in censu soli fundi referebantur, sed etiam omnia mobilia; etenim censu utebantur, non modo ut imponerentur vectigalia, verum etiam ut rebus mobilibus et personæ capitationes tribuerentur. Quare ætatem quoque significare necesse erat, quum quibusdam, extra fines legibus definitos, ne tributa onerentur, tribueret ætas.

Quæ vero in fundis inscribendis enuntiabantur? Ulpianus respondet (Dig, lib. 4, *de Cens.*) : « Forma censuali cavetur ut agri sic in censum referantur, *nomen* cujusque fundi et in qua civitate et quo pago sit et quos duos vicinos proximos habeat; et *arvum*, quod in decem annos proximos satum erit, quot jugerum; *vinea*, quot vites habeat; *oliva*, quot jugerum et quot arbores habeat; *pratum*, quod intra decem annos proximos sectum erit, quot jugerum; *pascua*, quot jugerum esse videantur; item *sylvæ cœduæ*; omnia ipse, qui defert æstimet. » Vel erema loca agrique steriles censebantur, ut agris opimis compensarentur.

Ex his omnibus tributum statuebatur, et æstimationem justam facere debebat qui profitebatur. Qui falsam æstimationem faciebat, pœnis gravissimis afficiebatur; vel morte mulctabatur. Constantinus vero tantummodo false profitentes, mox detectos, competenti indignationi subjiciendos edixit, ex quibus verbis non apparet quæ pœna fuerit ab imperatore constituta.

At ne quis, pro inutili possessione, tributum solveret, illam æquitatem censitor admittere debebat, sicut refert Ulpianus (1), ut relevaret eum qui publicis in tabulis delato modo, frui certis ex causis non poterat. Et

---

(1) Lib. 4., *de Cens.*, Dig.

addit idem auctor : « Quare, et si agri portio chasmate perierit, debebit
per censitorem relevari. Si vites mortuæ sint, vel arbores aruerint, ini-
quum, eum numerum inseri censui. Quod si arbores exciderit, vel vites,
nihilominus eum numerum profiteri jubetur, qui fuit census tempore,
nisi causam excidendi censitori probabit. »

Gravissimas quoque pœnas ferebant qui, pauperiores ut viderentur et
ita tributi levamen obtinerent, vites aut feracium ramorum fetus succi-
debant.

§ III.

Quomodo census agebatur.

Censu perfecto civium ex professionibus, censitor in civitates migrabat,
ut illas declarationes colligeret. « Et ibant omnes, ait sanctus auctor (1),
ut profiterentur singuli in civitatem suam, unde orti erant. » Is autem
qui agrum in alia civitate habebat, in ea civitate profiteri debebat, in qua
ager erat; quum cives tributum solverent in ea civitate, cujus in terri-
torio possidebant (2). Deinde provinciarum omnium libri censuales in
unum Romæ colligebantur.

Sicuti supra diximus, cives omnes quidquid possiderent profitebantur,
et professiones quas ipsi faciebant in tabulis inscribebantur a censitore.
Qui autem censui sese non submittebant, primum, censoris auctoritate,
virgis cæsi, serviebant, bonisque in publicum addictis mulctabantur.

Servi ipsi torquebantur ut censores dominorum suorum fraudes edo-
cerent. Et censualis professio non tantum ex testimoniis, sed ex antiqua,
seu priore censuali possessione argui poterat, ne concederetur immunitas; tabulæ tamen censuales testibus potiores erant.

Præsente domino, censitores agri censum constituebant; sæpe vero
dominus se abdebat, aut servos removebat, ut oneribus publicis ita se
subtraheret. Quodsi quis, peræquatore misso, aut procuratorem suum

(1) *Saint-Luc, Evang.*, II, 1 3.
(2) Dig., lib. 4, § 2.

2

retraxisset, aut colonum ad vitandam census retractationem fugavisset,
aut ipse abfuisset, is quem, vel domino absente, vel ejus procuratore,
peræquator apposuerat, censuum modus valebat.

Saltem poterat censitor civium professiones corrigere, et professionis
cujusdam de veritate si dubitaret, certis modis experiebatur. Si falsam
esse mensuram agri suspicaretur, agrimensorem agrum hunc metiri
jubebat. Videmus quidem agros glebatim metitos fuisse (1). Legimus
quoque : « Exiit edictum a Cæsare Augusto, ut describeretur orbis
universus (2). » Item loquitur Frontinus de Balbi cujusdam libris
qui civitatum et provinciarum mensuras sparsas in commentarios contu-
lit. Attamen non credimus agros minutatim metitos fuisse, quum videmus
quanta esset orbis romani immensitas, quanta censuum agendorum cele-
ritas. Nunquam ad agrorum singulorum mensuram confugiebant, nisi
parum sinceram haberent professionem. Si censitores aliter egissent, quomodo pœnas tam graves, vel capitis, adversus eos qui false profitebantur,
interpretari oporteret? Professionibus non opus fuisset.

Prædia deserta, quorum dominus non cognoscebatur, civi benevolo qui,
dum tributum solveret, dominus fiebat, dabantur, nisi quis in hos agros
desertos jam invasisset. Apud eum firma possessio permanebat, cui eam
a peræquatore semel traditam constabat; perpetuus tamen dominus non
erat, et sex mensium spatium servabatur ut primus dominus sua, vel per
se, vel per homines suos, bona repeteret. Nam, « si cum ego fundum
possiderem, professus sim, petitor autem non fuerit professus, actionem
illi manere placet (3). » Sex autem mensibus evolutis, Honorius imperator
possessorem in perpetuum conquiescere jubet.

At tributis crescentibus, una crevit desertorum agrorum numerus. Primum ad *compensationem* confugerunt, qua fertiles et eremos agros colligebant, deindeque sterilia prædia feracibus prædiis compensabant, ferti-

---

(1) « Agri glebatim metiebantur; vites, arbores numerabantur (Lactance.....) »

(2) *Saint-Luc, Évang.,* II.

(3) Dig., *de Cens.* — Ulp., l. 3, § 4.

lium oneri sterilium onus adjicientes. Tunc de desertis agris dominus queri jam non poterat.

Sed nova fraus fiebat. Domini pauperiores, ad tributa vitanda, potentioribus fertiles agros vendebant, steriles agros servando; aut illi potentes agros fisci fertiles tenebant, civibus egentibus infecundas possessiones relinquendo; unde fiebat ut tributa, pro mensura distributa, onus suum imponerent civibus, qui non habebant unde solverent.

Quare censoribus data fuit nova quædam potestas, ἐπιβολή, seu adjectio vocata. Ita qui fertiles agros emebant, ut una steriles agros prehenderent, cogebantur.

Cæterum, iniqua vel injusta peræquatio esse poterat. Fieri poterat censuum recognitio, errores ut emendarentur, et edictis novis professionibus priorum censuum vitia evanescebant. At non exspectandum erat, dum novus census conderetur. Qui se gravatum esse a peræquatoribus conquerebatur, seu quid remissum gratia, quidve interceptum fraude, seu quid per deformia et criminosa commercia sibi impositum esse proclamaret, competitionis facultatem habebat et levamen accipiebat. Quibus de rebus queri et agere poterat intra annum post codicum oblationem. Revoluto autem eo tempore, nulla, nisi minoribus qui fuerant indefensi, vel his qui reipublicæ causa abfuerant, actio dabatur.

SECUNDA PARS.

De Tributis quæ fundis imponebantur.

De tributis variis quæ fundis imponebantur pauca adjicienda esse putavi, propterea quod *de tributis* leges in titulo Digestorum : de censibus, sæpe loquantur, et illa materia cum hujus scripti gallica parte quamdam cognationem habere videatur. Quum autem, non aliter quam dominus prædiorum mercedes, respublica vel princeps agrorum publici dominii vel provincialium vectigalia perciperet, illa silentio prætermittam.

Tantummodo dicam quæ prædia tributum ferrent et quæ essent tributorum genera, quomodo tributa fundis imponerentur.

§ I.

DE TRIBUTIS PRÆDIORUM ET TRIBUTORUM GENERIBUS.

Ut imperii sui fines protulit populus romanus, et multas regiones ditioni suæ subjecit, bellorum prædiis et tributis quæ subactis populis imponebantur sufficientibus, Italia ipsa tributis vacua facta est : quod concessum est, consule Paulo Æmilio, post vitæ Macedoniæ bellum. Et eadem immunitas concessa erat coloniis et quibusdam civitatibus quæ jure italico fruebantur. Attamen Italia tota vacua non erat.

Et enim in Italia duæ partes erant : altera urbicaria, altera annonaria. Prima pars regionem præfecti urbis juridictioni subjectam continebat et immunitate plenissima fruebatur. Altera vero pars annonas, sive fructuum annuas præstationes solvebat.

Provinciæ igitur, Italia exonerata, tributa præstiterunt; quare provin-

ciarum fundos Cicero dicit agros vectigales. « Multas quidem constitu-
tiones, ait Hyginus, habebant ii agri. In quibusdam provinciis fructus
partem constitutam præstabant, postea pecuniam, et hoc per soli æstimationem (1). » Provinciæ vero quæ stipendium, id est certam nummorum
quantitatem solvebant, stipendiariæ vocabantur. Eæ erant populi romani
provinciæ. Provincilia prædia, quæ tributum annuum solvebant, tribu-
taria vocabantur ; quæ provinciæ Cæsaris erant, et vectigalia, veluti dominus fundi, percipiebat iste. Prædiorum contra stipendiariorum vectigalia
in ærarium immittebantur.

Post imperii Romani divisionem, Diocletiano imperatore, immunitatem
non servavit Italia, et invectum quoque fuit huic parti, ait Aurelius Victor,
tributorum ingens malum. Tunc pecuniam, jam non fructuum partes solvebant. Cæterum fructus æstimabantur, et hanc æstimationem, non
species, nisi voluissent, tradebant (*Nov.*, 17, c. VIII; *Nov.*, 128, c. I).

§ II.

QUOMODO VECTIGALIA FUNDIS IMPONEBANTUR.

Solus imperator tributorum exigendorum percipiendorumque jus habebat, nec civitates poterant illa pendere. « Vectigalia sine imperatorum
præcepto neque præsidi, neque procuratori, neque curiæ constituere, nec
præcedentia reformare, et his vel addere, vel deminuere licet (*Dig.*, l. 10,
De public. et vectigal.). »

Lege quæ dicebatur delegatio seu indictio summam præstandam
princeps quotannis constituebat. Julio, vel augusto mense delegatio insi-
nuata, præfecta prætorii transmittebatur, qui provinciæ cujusque magistratibus illam ipse transmittebat. Provinciarum præsides inter civitates
tributa distribuebant. Tandem decuriones, inter possessores pro jugerum
numero, vel capitum quæ possidere noscebantur, munera partiebantur.

Tributa semel constituta colligebant susceptores, qui, sæpe electi decu-

---

(1) Hyginus, *de Limitibus constituendis*, p. 198.

riones, semper a decurionibus nominabantur. Decuriones vero de tota vectigalium coactione spondebant.

Supra diximus cives pro jugerum numero tributa solvere. Idcirco totus cujusque civitatis ager inter capita dividebatur. Caput (mensura terræ veterano data) fundamentum erat terrenæ capitationis, et cujusque capitis pretium mille solidorum valebat. Ager autem civis profitentis æstimabatur a possessore, quum partitio non ex reditu, sed ex æstimatione soli fieret. Æstimatione tandem perfecta comprobataque, si necesse fuisset, inter singulos pro rata vectigalium agrorum parte tributum distribuebatur.

DROIT FRANÇAIS.

DROIT ADMINISTRATIF.

De l'Impôt foncier.

De toutes les questions sociales qui s'agitent de nos jours, aucune peut-être n'offre plus d'intérêt que celle des impôts, tant à cause de leur chiffre sans cesse grossissant qu'à cause des difficultés qu'ils soulèvent et des controverses auxquelles ils ont donné naissance.

Les impôts sont cette partie de la fortune des particuliers que l'État prélève au profit du corps social tout entier. Tout citoyen doit, dans la mesure de ses forces, concourir aux charges publiques; c'est pour lui une obligation à laquelle il ne saurait se soustraire et dont il est facile de découvrir la cause. Les hommes, en effet, pour se procurer la sécurité, ont senti de bonne heure le besoin de se réunir; ils se sont groupés en associations plus ou moins considérables, instituant des pouvoirs ou gouvernements chargés de leur assurer ce qu'ils n'auraient pu obtenir abandonnés à eux seuls, c'est-à-dire l'indépendance, l'ordre, la garantie de la justice et de la propriété. Mais cette protection ne saurait exister, si les pouvoirs publics, chargés de veiller aux besoins de tous, n'avaient eux-mêmes des moyens d'action. Or, ces moyens d'action exigeront des dépenses publiques, et il sera légitime de demander à tous les membres les ressources nécessaires pour y pourvoir, puisqu'elles auront pour but de satisfaire aux besoins collectifs de la société. Chacun, jouissant des bienfaits de l'organisation sociale, devra donc participer à ses charges, en vertu de ce principe de droit commun : « *Ubi est emolumentum, ibi et onus esse debet,* » et rien, semble-t-il, ne sera plus juste que l'impôt, qui apparaît dès lors comme le prix du service rendu. Aussi sa légitimité n'a-t-elle été contestée par personne, et partout et toujours le retrouvons-nous. Aux premiers jours d'Athènes, c'est l'εἰσφορά, destiné à suppléer à l'insuffisance des deniers de la République ; à Rome, c'est le cens ; en France, la taille, les aides, la capitation et autres impôts.

A coup sûr, si les revenus et produits divers de l'État étaient suffisants pour couvrir les charges qu'il doit s'imposer, l'impôt ne serait pas nécessaire ; mais ses ressources sont en général loin d'atteindre ses besoins. C'est ainsi qu'en France les produits du Domaine sont inférieurs à 60 millions de francs, tandis que les dépenses publiques dépassent aujourd'hui deux milliards (1). L'impôt reste donc la source principale, pour ne pas dire unique, de la fortune publique.

Si personne ne conteste que les impôts ne soient justes en principe, la difficulté commence lorsqu'il s'agit de les établir.

Et d'abord, ils ne doivent être destinés qu'à faire face à des dépenses utiles. Puisque l'impôt est une fraction de la fortune des citoyens, il doit être, autant que possible, le paiement de la sécurité obtenue ; il n'est vraiment légitime qu'autant que l'État procure, en échange du sacrifice fait par le contribuable, un avantage équivalent, un service réel ; tout impôt mal employé est injustement perçu ; c'est une dilapidation de la fortune publique : « Pour bien fixer les impôts, dit Montesquieu, il faut avoir égard aux nécessités de l'État et aux nécessités des citoyens ; il ne faut point prendre au peuple sur ses besoins réels pour des besoins de l'État imaginaires (*Esprit des Lois*, ch. XIII, t. 1er). »

(1) Les dépenses prévues pour l'exercice 1872 sont de 2,888,312,943 fr.

Quelle sera ensuite la forme de l'impôt? Cette question, si simple en apparence, soulève les plus graves difficultés et divise encore aujourd'hui les économistes. Il semblerait tout d'abord que cette forme dût être unique. Déterminer le revenu de chacun et lui demander le dixième, le vingtième, selon les besoins de l'État, paraîtrait être le moyen le plus simple et le plus équitable d'établir l'impôt. Certes, s'il était possible de connaître exactement le revenu que chacun tire de ses biens, de son travail ou de son industrie et faire la somme de ces produits, on arriverait à un impôt équitable. Mais comment obtenir ce résultat? S'il est facile de découvrir la fortune immobilière, il ne l'est pas autant de connaître certains capitaux mobiliers. La déclaration personnelle des citoyens est le seul système qui puisse être employé, relativement à la plus grande partie de la fortune mobilière; mais le plus souvent cette déclaration est bien vite frappée de défiance. Et si ces déclarations ne sont pas sincères, faudra-t-il recourir au système des délations, toujours si impopulaire? Un impôt unique sur les revenus serait donc un impôt irréalisable; l'on peut même ajouter qu'il serait aussi injuste qu'impraticable, puisqu'il serait toujours difficile, même avec les délations, de découvrir la richesse mobilière si facilement cachée, et que l'évaluation elle-même des immeubles est souvent bien incertaine (1).

A l'impôt sur le revenu certains économistes ont voulu substituer un impôt sur le capital. Les raisons que l'on pourrait faire valoir en sa faveur ne sauraient prévaloir contre la difficulté de constituer l'impôt sous une forme unique, qui serait sa forme nécessaire s'il frappait le capital, et contre l'injustice qu'il y aurait à frapper un capital souvent improductif.

Le système d'impôts établi en France et généralement reconnu comme le meilleur, pour ne pas dire le seul possible dans l'état actuel de la richesse publique, se diversifie à l'infini, saisissant la fortune des individus sous les diverses formes qu'elle emprunte. C'est ainsi que la contribution foncière et les droits de mutation en général frappent le revenu de la terre;

(1) L'Assemblée nationale a repoussé en 1871 un impôt même modéré sur le revenu; pourtant, peut-être est-ce là un essai destiné à être répété.

3

la contribution mobilière, le capital ; l'impôt des patentes, le salaire ; les contributions indirectes, la consommation. De la sorte, la fortune est plus sûrement atteinte par l'impôt, qui devient en même temps moins sensible et moins arbitraire.

Malgré cette diversité, les impôts peuvent être rangés en deux grandes classes : les impôts directs et les impôts indirects. Les impôts directs sont ceux qui se perçoivent en vertu d'un rôle nominatif ; ils sont ainsi nommés parce qu'ils saisissent une portion du revenu des citoyens et frappent directement leurs biens ou leurs personnes. Les principaux impôts directs qui reçoivent le nom de contributions directes sont : la contribution foncière, la contribution personnelle-mobilière, la contribution des portes et fenêtres, la contribution des patentes (1).

Les impôts indirects, au contraire, ainsi nommés parce qu'ils sont attachés à la réalisation de certains actes ou de certaines consommations, frappent indirectement le contribuable, à l'occasion seulement de la consommation ou de l'acte accompli. Ce sont les plus nombreux (2).

---

(1) Suivant le projet de budget de 1872, les impôts directs doivent produire :

Contribution foncière		169,300,000 fr.
—	personnelle-mobilière	54,639,000
—	des portes et fenêtres	38,516,238
—	des patentes	73,046,000
Produit de la taxe de 1er avertissement		561,900
	Total	336,063,138 fr.

(2) L'ensemble des recettes qui doivent faire face aux dépenses en 1873 s'élève, suivant les prévisions budgétaires, à la somme de 2,406,461,671 fr., qui se décompose ainsi :

Contributions directes	336,063,138 fr.
Taxes assimilées aux contributions directes	14,702,094
Enregistrement, domaines et timbre	570,428,400
Forêts	41,992,500
Douanes et sels	248,127,000
Contributions indirectes	875,932,000
Postes	114,128,000
Télégraphe	16,000,000
Autres produits	69,088,539
Impôts à créer pour assurer l'équilibre du budget	120,000,000
Total	2,406,461,671 fr.

Pour faire une étude complète de la matière, il faudrait exposer successivement la législation de ces divers impôts, les comparer entre eux, rechercher leurs avantages et leurs inconvènients, voir enfin de quelles modifications ou de quelles réformes serait susceptible notre système financier. Outre que nous sortirions de notre sujet, ce travail demanderait de longs développements et des connaissances approfondies, s'il est vrai de dire, avec Montesquieu, que ce grand et magnifique sujet embrasse à lui seul toutes les parties de la science sociale. Nous nous rappellerons ce sage précepte d'Horace :

> Sumite materiam vestris, qui scribitis, æquam
> Viribus.....

et nous nous contenterons de traiter de la contribution foncière, le premier et le plus important des impôts directs. Nous diviserons cette étude en deux parties. Les impôts directs, en effet, ont été de tous les temps et de toutes les civilisations. C'est à eux que les gouvernements, frappés des conséquences fécondes de son établissement, ont demandé d'abord les ressources dont ils ont eu besoin. Rome avait ses impôts directs, qui furent apportés en Gaule par les empereurs et y subsistèrent à travers les diverses périodes de notre histoire, malgré de nombreuses transformations. Il nous a donc semblé bon, pour l'intelligence même de l'impôt foncier à l'époque actuelle, de consacrer une première partie à une esquisse rapide des impositions foncières sous l'ancienne monarchie.

Une seconde partie sera consacrée à l'étude de l'impôt foncier depuis 1789.

PREMIÈRE PARTIE.

De l'Impôt foncier dans l'ancien droit.

CHAPITRE PREMIER.
Époque franque et féodale.

Les Romains, en pénétrant dans les Gaules, y avaient introduit leur système d'impôts, tel que nous l'avons étudié dans la première partie de cet ouvrage et tel qu'il existait à partir de Dioclétien, avec les registres du cens, les censeurs, péréquateurs, inspecteurs et collecteurs. Cette province avait été comprise dans les recensements généraux de l'empire et cadastrée; s'il faut en croire M. de Savigny, le chiffre total de l'impôt foncier sur le territoire qu'occupe actuellement la France était de 390 millions de francs avant Julien et de 99 millions encore après la réduction que cet empereur lui fit subir.

Lors de l'invasion franque, les vainqueurs se gardèrent bien de changer l'ordre de choses établi, et l'impôt se maintint sans grandes modifications sous les deux premières races, tel qu'il était sous la domination romaine. Comme les empereurs, les rois francs en fixèrent annuellement le chiffre; ils se servirent des registres de recensement de l'administration romaine et du cadastre des cités. Mais cette organisation, avec ses bureaux et ses préfectures, avait disparu, et la monarchie ne put suivre les règles antérieurement observées. Il n'y eut plus de répartition entre les contribuables d'une somme totale fixée pour l'impôt foncier; il y eut demande d'une portion des revenus, sans leur évaluation préalable; l'impôt de répartition des Romains était changé en taxe, en impôt de quotité sur les revenus fonciers.

A l'ouverture ou pendant la durée de leur règne, les rois ordonnaient la révision des registres de recensement; quelquefois même ils les faisaient renouveler, ainsi que nous l'apprend Grégoire de Tours : « *Chilpericus rex, descriptiones novas et graves in omni regno suo fieri jussit.* » Déjà Childebert II avait ordonné en 590 de renouveler le cadastre du Poitou, opéré sous son père Sigebert. C'étaient les *descriptores* qui étaient chargés de ce travail. Ils emportaient dans les provinces les tables déposées au trésor du roi et opéraient les changements qui avaient pu se produire. Les comtes percevaient l'impôt et le faisaient passer au roi. Celui-ci fixait, en même temps que le chiffre de l'impôt, le mode de perception, qui se faisait tantôt en nature, tantôt en argent. C'est ainsi que nous voyons Chilpéric établir un jour l'imposition d'une amphore de vin par arpent, soit la proportion d'un litre à peu près par are de terre.

Il ne faudrait pas croire que toutes les terres fussent également frappées. Les Francs, avant leur entrée dans les Gaules, ne payaient pas d'impôts, et ce fut en vain que leurs princes essayèrent de les y soumettre. Ils s'étaient emparés d'une partie considérable des terres gauloises; ces terres, franches de tout tribut, formèrent le domaine propre du guerrier, ou ce qu'on appela les *alleux*. Quant aux terres du fisc, qui, sous l'empire romain, tombaient dans le domaine public et, comme telles, n'étaient pas soumises à l'impôt, il était naturel qu'elles ne le fussent pas davantage après la conquête.

D'un autre côté, les biens des églises, déjà considérables, jouissaient également d'une exemption presque complète, non pas que l'exemption fût générale, mais les exemptions particulières étaient tellement nombreuses qu'en fait ils se trouvaient affranchis. Les charges pesaient donc tout entières sur le peuple conquis, sur les anciens propriétaires.

Les plaintes contre l'excès de ces charges et contre la révision arbitraire des recensements devinrent même telles qu'en 615 un concile national dénonça énergiquement la charge des impôts. Clotaire II, que les chroniqueurs nous montrent comme « doux et bon envers tout le monde, » fit droit, dans une certaine mesure, à ces protestations.

A partir de cette époque, les impôts cessèrent d'être perçus au profit de la royauté. Une première cause en fut leur abandon aux églises et aux monastères, et cette transformation devint l'une des bases du droit féodal. Sous Dagobert, il fut fait abandon, par écrit, à la métropole de Tours, de l'impôt qui pesait sur la cité. Cette révolution s'étendit même aux mains des grands propriétaires qui tenaient à titre de bénéfice. Il n'y eut plus de tribut dû au chef de l'État comme prince, mais au seigneur de la terre.

La seconde cause fut le fait que l'impôt perçu par le roi tomba peu à peu en désuétude. A partir de Dagobert, il n'est plus question, dans les lois ni dans les capitulaires, de recensement des cités, de révision du cadastre, etc... Or, sans livres de recensement, la perception devient impossible. Seulement il arriva que les princes ayant tari une source abondante de revenus, le besoin d'argent se fit sentir, et ils suppléèrent souvent au produit de l'impôt par des confiscations de biens ecclésiastiques. C'est en particulier ce que fit Dagobert.

Au reste, ce système que nous exposons a été vivement combattu par d'anciens auteurs. Ils prétendent que les impositions établies par les Romains cessèrent d'exister avec leur domination dans les Gaules, que les princes n'eurent jamais d'autres ressources pour subvenir à leurs besoins que celles qu'ils retiraient de leurs terres cultivées de la manière la plus économique, et les dons, libres à l'origine, que les grands leur faisaient aux assemblées du Champ-de-Mars, plus tard du Champ-de-Mai, et qui consistaient en argent, en meubles ou en chevaux. Il est certain, au moins, qu'à l'époque carlovingienne, les impôts publics n'existaient plus. Le roi ne recevait plus que ce qui lui était dû, à titre de redevance privée, par ses nombreux colons, les fruits et revenus de ses domaines particuliers, les services personnels et réels des comtes et des bénéficiers royaux, les dons gratuits des grands et les tributs des pays conquis. Il faut dire, du reste, qu'il n'avait pas à supporter les dépenses que l'État eut à supporter plus tard. Chaque seigneur devait entretenir et armer les hommes de sa seigneurie, de sorte que l'armée s'équipait elle-même et servait à ses frais et sans solde.

Si l'impôt cessa d'être perçu au profit du trésor royal, le peuple n'en fut pas déchargé. Le royaume était devenu la proie d'une multitude de seigneurs qui tous, profitant de la faiblesse de l'autorité royale sous les descendants de Charlemagne, regardaient comme faisant partie de leurs seigneuries des redevances appartenant autrefois à l'Etat. Ils n'en usèrent pas avec plus de réserve et pressurèrent les « taillables » à merci. C'est alors que l'on voit apparaître ce nom de *tailles*, mot qui semble venir des fiches de bois dont on se servit d'abord pour marquer ce qui avait été perçu des colons et tenanciers, attendu que *cet impôt*, comme nous l'apprend Monteit (1), *était levé dans les commencements avec un bâtonnet ou taille.* (Traité de matériaux manuscrits de divers genres d'histoire.)

La taille était un impôt perçu par les seigneurs sur tous ceux qui habitaient une seigneurie, qu'ils eussent ou non la qualité de propriétaires. Le roi, en sa qualité de seigneur, prélevait dans ses domaines un impôt analogue que l'on appelait la taille du roi. Cependant il était certaines circonstances où il était perçu sur toutes les terres du royaume, aussi bien sur les domaines propres du roi que sur les domaines des seigneurs, mais avec le consentement de ceux-ci, une taille générale. Ce fut là l'origine de la taille réelle (2).

L'on voit surtout, à l'époque des croisades, ces levées d'impôts se renouveler fréquemment, les revenus particuliers du roi ne suffisant plus à ces énormes dépenses. C'est ainsi qu'en 1190 Philippe-Auguste, avant de partir pour la Terre sainte, ordonna que la taille serait levée par les prélats et vassaux du roi sur tous leurs hommes, tant qu'il serait *in servitio Dei.* Le roi, comme souverain, recevait donc les contributions que ses vassaux lui fournissaient, en temps de guerre, du produit de la

---

(1) Monteit, auteur de l'*Histoire des Français des divers États.*

(2) Moreau de Beaumont, *Mémoires concernant les impositions en France,* t. II, 1ᵉʳ *Mémoire.*

taille qu'ils percevaient eux-mêmes sur leurs sujets et qu'ils étaient chargés d'imposer et de répartir : « *Tunc autem talliam esse impositam intelligimus*, dit une ordonnance de Philippe-Auguste rendue en 1214, *quando denuntiatum est alicui vel domi suæ quantum debeat solvere.*» D'où il apparaît que les officiers du seigneur faisaient un rôle et dénonçaient ensuite à chacun la somme pour laquelle il était imposé sur ce rôle.

A cette époque, la taille était une imposition personnelle, mais elle était réelle, en ce sens qu'elle était imposée à raison et en proportion des biens; par exemple, une maison taillable, habitée par le gentilhomme lui-même, n'était pas taxée, mais si elle était louée à un homme coutumier, elle était soumise à l'impôt.

Bien que, après Saint Louis, la taille se payât au roi, même sur les domaines appartenant à des seigneurs, il n'y avait encore alors aucun droit uniforme. Nous le répétons, pour qu'il fût permis de lever une taille ou une imposition quelconque, il fallait quelque grande nécessité, et le droit des seigneurs d'accorder la taille devait être expressément réservé. On voit même des chartes accordées à certaines villes ou à certaines provinces, comme la charte normande, accordée par Louis X, en 1315, par lesquelles le roi s'engageait à ne lever sur elles aucune taille que lorsqu'il la lèverait générale.

CHAPITRE II.

De la taille à partir de Charles VII.

C'est à partir de Charles VII seulement que la taille devint une imposition annuelle et ordinaire. Au moyen-âge, le roi n'avait d'autre armée que celle que lui formaient ses vassaux quand il les appelait autour de l'oriflamme. Mais ces milices, levées en temps de guerre, étaient mal disciplinées et portaient la désolation dans les provinces. Les conseillers du roi, voulant armer leur maître d'un pouvoir incontesté, profitèrent de l'horreur inspirée par cette indiscipline des troupes féodales pour revenir à l'idée romaine d'une armée permanente. Les États d'Orléans, convoqués au mois d'octobre 1439, demandèrent qu'on établît des compagnies d'ordonnances; ces compagnies formaient l'armée régulière et permanente, les francs archers furent la réserve.

L'armée féodale servait sans solde; le roi fut obligé de payer la sienne. Les États le comprirent et autorisèrent la levée d'un impôt destiné à couvrir cette dépense. Ils ne la votèrent d'abord que pour deux ans, mais Charles VII déclara, en 1444, que l'armée étant permanente, l'impôt devait être perpétuel. Le peuple accepta du reste facilement ces charges qui lui assuraient une sécurité dont il n'avait pas joui jusqu'alors.

Telle fut la cause de l'établissement de la taille qui s'accrut successivement de nouveaux impôts toujours destinés à l'entretien des troupes, comme la grande crue et le taillon. Elle fut fixée, en 1439, à 1,500,000 livres, mais s'éleva rapidement jusqu'au règne de Louis XVI, époque à laquelle elle dépassait le chiffre de 90 millions de livres.

Dans les derniers temps de la monarchie, voici quelles étaient les bases de cet impôt. La taille était réelle ou personnelle. La taille réelle était établie sur le revenu foncier; la taille personnelle, à raison des facultés du contribuable, calculées à la fois sur les revenus de ses propriétés foncières, sur ses rentes actives et sur les produits de son industrie.

La taille réelle se divisait en taille d'exploitation et taille d'occupation.

La première portait sur les propriétés non bâties et sur les propriétés bâties susceptibles de produire des fruits. Elle variait pour le même revenu entre trois deniers et quatre sous pour livre. La seconde portait sur les propriétés bâties destinées à l'habitation ; elle était de un sou par livre du prix du loyer.

La taille personnelle était également de un sou par livre de l'estimation des facultés de chacun.

Bien que perçue d'après un tarif, comme nous le verrons plus loin, la taille était un impôt de répartition, c'est-à-dire que le produit total en était fixé à l'avance et réparti, d'abord entre les diverses fractions du territoire, et ensuite entre les habitants de la même commune.

Au point de vue des impositions, on divisait les provinces du royaume en pays d'élections, pays d'Etat et pays conquis.

PAYS D'ÉLECTIONS.

Les pays d'élections étaient ainsi nommés parce que, dans le principe, et avant que les tailles ne devinssent un tribut annuel, les assemblées de communauté ou les États généraux, en votant l'impôt, élisaient en même temps quelques-uns de leurs membres chargés d'en faire la répartition et de procéder à son assiette. Ce ne fut que plus tard que le roi nomma ces commissaires, et Charles VII, au moment où il rendit la taille ordinaire, institua en titre d'office ces élus. François Ier créa seize recettes générales pour recevoir les sommes provenant tant des tailles que des autres subsides et du domaine. Dans chacune furent établis un trésorier et un général des finances. De là le nom de *Généralité*.

Les pays d'élections étaient divisés en vingt généralités. De ces vingt généralités, il y en avait trois seulement où la taille fût réelle, se réglant d'après la nature et la situation des immeubles, sans tenir compte des propriétaires : celles de Grenoble, Montauban et Auch, et deux élections de la généralité de Bordeaux : celles d'Agen et de Condom. Dans toutes les autres, elle était personnelle, puisqu'elle s'imposait sur les personnes, sur le pied et à proportion de leurs biens et facultés. Nous n'avons pas à nous occuper de la taille personnelle. D'ailleurs les exemptions ne cessèrent d'être très-nombreuses. Les nobles jouirent toujours de l'affranchissement, et même à certaines époques, il suffit d'embrasser la profession des armes pour le devenir et jouir des prérogatives attachées à ce titre. Henri IV réprima ces abus, et en 1600 rendit un édit dans le but d'obtenir des commissaires élus l'égalité entre les paroisses, puis entre les contribuables. Louis XIII essaya à son tour d'introduire l'égalité dans les tailles. « Elles devaient être en effet payées par toutes manières, le fort portant le faible, dit Moreau de Beaumont; mais les plus riches étaient ceux qui payaient le moins, les uns sous prétexte qu'ils étaient nobles, bien qu'ils n'en justifiassent pas, les autres en qualité de fermiers et métayers de gens d'églises et nobles. Ceux-ci usaient des mêmes fraudes. C'est ainsi qu'alors qu'ils pouvaient faire valoir par leurs propres mains une ferme seulement sans être soumis à la taille, ils joignaient ensemble plusieurs fermes, les faisant exploiter par des gens qui semblaient être leurs valets, tandis qu'en réalité ils étaient leurs fermiers. »

Malgré tous les efforts tentés, de nombreux abus existèrent toujours et les priviléges ne disparurent qu'en 1789.

De l'administration des tailles et de la manière dont elles étaient perçues dans les pays d'élections.

Tout ce qui concerne les tailles a toujours été entouré de certaines obscurités, mais la répartition des impôts est restée la partie la plus ténébreuse de nos anciennes finances, le mode de procéder variant souvent d'une province à l'autre.

Dans l'imposition de la taille, il y avait lieu à quatre sortes de répartitions : la première entre les vingt généralités de pays d'élections ; la seconde entre les différentes élections de chaque généralité ; la troisième entre les paroisses de chaque élection ; la quatrième entre les contribuables de chaque paroisse.

De la répartition entre les différentes généralités et les diverses élections.

Dès que l'imposition de la taille fut devenue annuelle, la somme en fut toujours fixée au conseil du roi, et ce conseil faisait lui-même la répartition entre les différentes provinces. L'état, arrêté au conseil du roi, fixant le montant de l'impôt pour l'année suivante, s'appelait *Brevet* et contenait le détail des sommes à supporter par chaque généralité. Il était signé par le roi et deux extraits en étaient expédiés dans chaque généralité, l'un à l'intendant, l'autre aux officiers des finances. Ceux-ci donnaient alors leur avis sur la répartition qui devait être faite entre les élections de leur généralité ; et, cet avis donné, on adressait aux élus des élections des lettres-patentes en forme de commission, imposant dans chacune les sommes portées par le brevet. A cet effet, les trésoriers se transportaient dans les élections ; les officiers de chaque élection dans leurs paroisses, pour y vérifier l'état des récoltes, les inondations, incendies et autres accidents qui pouvaient modifier les impositions. A l'aide des renseignements recueillis par ces divers agents, il était dressé un tableau contenant tous les éléments d'une juste répartition, lequel servait de base aux *départements* de chaque année pour chaque élection. Ces tableaux, préparés par paroisse, étaient, de même que le département de la taille, signés par les trésoriers, commissaires et autres agents des finances.

Le mandement pour chaque paroisse, intitulé des noms de l'intendant et des trésoriers, était adressé aux maires, syndics, marguilliers et habitants de chaque paroisse. En marge étaient inscrits les noms des collecteurs nommés pour l'année, celui des commissaires pour faire le rôle, et encore le nom de l'élu chargé de vérifier le rôle. La somme à laquelle la paroisse avait été taxée était également inscrite sur ce mandement.

Tels sont les détails dont les trois premières sortes de répartition étaient susceptibles ; il reste à parler de la quatrième répartition, laquelle se faisait entre les contribuables d'une même province par la formation des rôles.

Il y avait trois modes de procéder à la confection des rôles : le premier, par les collecteurs seuls; le second, par les collecteurs en présence d'un commissaire; le troisième, lorsque le commissaire nommé avait une commission spéciale pour faire le rôle en taille proportionnelle.

Il était difficile aux collecteurs seuls de bien asseoir le rôle; ils manquaient pour cela des lumières et de la volonté nécessaires; aussi devaient-ils insérer dans leurs rôles, à chaque cote, la condition du cotisé, ses biens et autres facultés par article séparé, afin qu'on pût reconnaître à première vue si les cotes étaient bien assises et en proportion les unes avec les autres. Mais, à défaut de bases certaines et de règles fixes, on comprend trop que les évaluations devaient être le plus souvent inexactes.

Lorsqu'un commissaire était nommé simplement pour faire le rôle de telle paroisse, il devait y faire procéder en sa présence et tenir la main à ce que la taille fût répartie entre les contribuables avec justice et égalité; les syndics de la paroisse, les collecteurs et les principaux habitants devaient se présenter devant lui pour en faire l'assiette.

D'après l'ordonnance de nomination, le commissaire devait faire toutes les diligences pour arriver à connaître exactement les biens et facultés de chacun; mais si de la sorte on prévenait de nombreuses iniquités, il restait toujours une grande incertitude sur la justice des opérations de la répartition, puisqu'on ne faisait préalablement aucune étude sur l'étendue, la nature et les productions du territoire.

Lorsque le commissaire était nommé pour procéder à la confection des rôles en taille proportionnelle, il fallait qu'outre les collecteurs, il fît nommer par les habitants des arbitres chargés d'estimer les biens de chacun.

Cette estimation faite, il était formé un tarif pour chaque nature de biens, et ce tarif devait être porté assez haut pour que l'on arrivât, en réunissant les totaux de chaque nature, à une somme au moins aussi forte que le montant de la taille fixée pour la paroisse.

Le tarif établi, on imposait chaque taillable suivant sa déclaration et celle des arbitres, et la somme donnée par chaque nature de biens formait sa cote. A cette cote devait être détaillé le bien du taillable, ainsi que le taux auquel il devait payer pour chaque objet et la somme qui en résultait, afin qu'on pût en tout temps vérifier s'il y avait proportion exacte entre chaque cote et d'un autre côté entre chaque contribuable.

Plus tard, il fut enjoint aux intendants de faire faire par devant eux les rôles des paroisses, et les commissaires furent tenus de se transporter sur les lieux pour tenir des assemblées générales des habitants où ceux-ci durent déclarer sans fraude leurs biens, tenures, facultés et industries. On chercha enfin à établir un travail uniforme dans toutes les généralités, élections et paroisses, afin que les principes et les bases fussent les mêmes partout.

Lorsque le rôle avait été enfin arrêté et signé par les collecteurs, ceux-ci en portaient la minute et l'expédition, avec le mandement de la taille de la paroisse, chez l'élu indiqué en tête du mandement, lequel le vérifiait et le rendait exécutoire; il remettait ensuite l'expédition et le mandement aux électeurs, qui étaient dès lors en état de faire leurs recouvrements. Les quatre termes de paiement, combinés d'après les époques de vente de denrées, étaient février, avril, octobre et décembre.

PAYS D'ÉTATS.

PROVINCE DE BRETAGNE.

Les pays d'Etats jouissaient d'un avantage dont ils étaient justement fiers; c'est que les contributions y étaient accordées par la province. Si ce n'était pas de la part des États un don purement libre et volontaire, et s'ils devaient, comme toutes les provinces du royaume, concourir aux dépenses publiques, au moins avaient-ils la liberté d'examiner ce qui leur était demandé et l'honneur de stipuler, en l'accordant, le maintien de leurs priviléges, les formes anciennes de leur administration, et de déclarer qu'ils octroyaient ces sommes. Ils devaient bien payer le chiffre convenu avec le gouvernement, mais la répartition et la levée de ces impositions étaient faites exclusivement par les chefs de leur administration. De nombreuses provinces jouissaient de ce privilége, et entr'autres le Languedoc, la Provence et la Bretagne.

Dans ces généralités, la taille se réglait d'après la situation des immeubles, sans tenir compte des possesseurs; c'est pareillement la nature des fonds, et non la qualité des personnes qui décidait de l'assujettissement ou de la franchise. On était sujet, quoique noble, si l'on possédait des biens roturiers; exempt quoique roturier, si l'on possédait des biens nobles. Il n'y avait donc à considérer que la roture ou la nobilité du fonds. Mais les principes de l'imposition et de la répartition de la taille variaient pour chaque généralité. C'est ainsi que dans la généralité du Dauphiné, pour la répartition des impositions, on comptait les feux ou cheminées dont chaque maison était composée (1), tandis que dans le Languedoc on entendait par feu une certaine portion de territoire capable de supporter la quantité d'impositions qui devait être levée par chaque feu. Un pays, par exemple, payait 10,000 livres d'impôts. Ce pays était divisé en 200 feux, chaque feu payant 500 livres. Ainsi la dénomination de feu signifiait l'estimation d'une certaine quantité de biens, une somme fixe, en sorte que chaque ville était censée contenir moins de feux que de ménages. On appelait feu, non un ménage, mais la réunion d'un nombre plus ou moins grand de familles, jusqu'à concurrence du revenu nécessaire pour faire un feu d'après l'évaluation établie.

Dans la généralité de Montauban, on comptait aussi par feux ou portions de territoire, dont le nombre était arrêté au conseil, et la répartition des feux établie entre chaque élection; puis entre chaque paroisse, on se servait du cadastre ou *Compoix-terrien* pour estimer séparément tous les fonds qui le composaient, eu égard à leur valeur et situation.

Les tailles en Bretagne s'appelaient *fouages*. Suivant Brunel, dans son livre de l'usage général des fiefs, le fouage, dans son origine, ou le monéage était la même chose. C'était un droit en argent que les habitants de quelques pays, dont les seigneurs avaient le droit de battre monnaie, payaient, à condition que ceux-ci n'en échangeraient pas la valeur, les

---

(1) La division des feux par famille est plus vraisemblable, parce que telle personne qui aurait possédé de grands domaines n'était pas plus cotisée qu'une autre qui en avait peu, les maisons de l'une et de l'autre ayant également des feux et des cheminées.

altérations des espéces dont on a fait au moyen-âge un ruineux abus causant toujours de grands troubles dans les fortunes et le commerce. Ce droit se percevait en Normandie et en Bretagne, et il y était appelé fouage, parce qu'il se levait sur chaque feu ou ménage non noble de ces deux provinces. « Plus tard, dit encore Monteit, et parce que dans tous les temps les analogies ont vicié les langues, on appela, notamment en Normandie, monéages les fouages. »

Dans le principe, les fouages, en Bretagne, étaient une levée que les seigneurs de fiefs faisaient à leur profit sur leurs vassaux. Ce n'étaient pas des prestations annuelles, et les seigneurs n'y avaient recours qu'en cas de besoin.

Les ducs de Bretagne n'avaient alors d'autre revenu que ce qu'ils tiraient de leurs domaines et les impôts qu'ils établissaient comme seigneurs particuliers sur leurs propres vassaux, mais peu à peu et successivement la levée des fouages eut lieu dans toute l'étendue du duché. Le 25 février 1365, il fut octroyé à Jean de Montfort un fouage d'un écu d'or par feu pour lui permettre de couvrir les dettes qu'avait entraînées sa lutte contre Charles de Blois. Les lettres de non préjudice, accordées au sire de Laval et à l'abbé de Redon, portent que cet octroi avait été fait *de leur pure grâce pour une fois tant seulement et sans tirer à conséquence.* C'est là le plus ancien titre d'un fouage accordé aux ducs de Bretagne sur tous les contribuables du duché.

Depuis cette époque, les levées de fouages se renouvelèrent souvent, Tant que ce fut un don des seigneurs, ce subside ne s'étendait quelquefois que sur une partie du duché. Ainsi, en 1434, Jean VI jouit d'un fouage de 50 sous par feu, qui ne fut levé que dans les évêchés de Vannes, Saint-Brieuc et Tréguier.

Les seigneurs permettaient même des levées de fouages pour les affaires auxquelles ils prenaient intérêt. En 1373, Bertrand Duguesclin prit le consentement d'un grand nombre de seigneurs pour faire lever un fouage de vingt sous par feu dans les évêchés de Saint-Malo, Saint-Brieuc et Vannes.

A partir de 1462, sous François II, père d'Anne de Bretagne, les lettres de non préjudice aux seigneurs disparurent et le fouage devint une imposition ordinaire. Il suffit au prince de faire une demande aux États et la perception se fit très-régulièrement après le mariage de Charles VIII avec Anne de Bretagne. On détermina pour les fouages ordinaires de chaque année une somme qui fut fixée à 278,667 livres 17 sous 11 deniers. Outre ces fouages ordinaires qui se levaient au nom du roi sur des mandements envoyés par le receveur général des finances, il y avait des fouages extraordinaires, également consentis par les États et qui variaient en proportion des besoins.

Les terres roturières seules supportaient les fouages, et l'imposition en paraît avoir été réglée à raison d'une somme fixe et déterminée par chaque feu. Il est dit dans la déclaration des États portant consentement à la levée des fouages ordinaires que ce sera à raison de 7 livres 7 sous monnaie par chaque feu. Il faudrait donc déterminer exactement ce qu'était le feu. Or, il est douteux que jamais il ait existé de notion bien précise sur ce qui constituait un feu. L'on voit, en effet, dans les titres d'octroi d'un fouage général au duc sur les vassaux, des seigneurs qui portent un sou d'or par feu, le riche aidant au pauvre, le fort portant le faible. Si chaque feu eût compris une portion de terre déterminée, ils auraient été tous égaux ; il n'y aurait pas eu des feux forts et des feux faibles, et il eût été illusoire d'imposer la condition que le feu du vassal riche aiderait au feu du vassal pauvre.

Au reste, on ne trouve aucun monument qui permette de penser qu'il ait jamais existé en Bretagne de cadastre général, ou des cadastres particuliers d'après lesquels les fouages fussent répartis. Non seulement la complète indépendance des seigneurs n'aurait pas permis au duc d'ordonner la confection d'un cadastre général de toutes les terres roturières, mais encore chaque seigneur eût agi sur ses domaines d'après ses vues personnelles, et la moindre uniformité n'aurait pu régner dans une telle opération. Il y avait, il est vrai, sous les ducs, des rôles contenant le nombre de feux contribuables, mais on ne saurait voir là l'existence d'un ancien cadastre. En 1392, ce nombre dépassait 80,000. Beaucoup de biens étaient exempts du fouage. Le nombre en était même devenu si grand, grâce aux gens d'église, nobles, gens de justice et autres, qui se prétendaient exempts, dit Moreau de Beaumont, que la chambre des comptes dut, sous François Ier, fournir des extraits du rôle général dressé par paroisse et tenu secret. Cette opération augmenta considérablement le nombre des contribuables, qui fut, d'un autre côté, diminué par des opérations subséquentes.

Sous Charles IX, Henri III et Louis XIII, il fut successivement aliéné un très-grand nombre de feux. Par un édit du mois de mai 1638, Louis XIII déclara anoblir 2,643 feux pour jouir des priviléges et immunités dont jouissaient les terres nobles de la province, à condition de payer 320 livres par feu affranchi.

En présence de ces aliénations et de ces affranchissements, il était difficile que le produit uniforme que donnaient les fouages ordinaires fût en relation avec un nombre déterminé de feux contribuables, et il semblerait naturel de considérer comme un abonnement cette somme fixe de 278,667 livres.

Nous avons dit que les terres roturières seules étaient assujetties aux fouages; il y a cependant certains cas où elles en étaient elles-mêmes exemptes; ainsi :

1° Les terres roturières, annexées de tout temps à des bénéfices;

2° Celles sur lesquelles était assigné le titre clérical d'un ecclésiastique;

3° Celles qui appartenaient à des ecclésiastiques de condition noble ou à des gentilshommes, pourvu qu'elles fussent tenues par mains. Celles au contraire qui étaient tenues à ferme par des gentilshommes étaient soumises aux fouages. C'était en effet une maxime inviolable que qui que ce soit ne pouvait être imposé qu'à raison des terres roturières dont il jouissait ou comme propriétaire ou comme fermier, et non par rapport à sa personne.

Il existait dans les évêchés de la Basse-Bretagne des biens qu'on nommait *convenants* ou *domaines congéables*. Ces biens étaient nobles, mais comme la propriété en était partagée entre le seigneur à qui le fonds appartenait et le colon à qui appartenaient les bâtiments et superfices existant sur ce même fonds, on avait considéré comme roturier tout ce qui était aux mains du colon, et comme tel on l'avait soumis aux fouages. C'est là l'origine des baux à convenants qui existent encore aujourd'hui dans certaines parties des départements du Morbihan, des Côtes-du-Nord et du Finistère.

La répartition des fouages entre les diocèses, puis entre les communautés de chaque diocèse, se fit d'abord par le bureau des finances et par l'intendant, les commissions étaient adressées par eux aux receveurs du fouage et ceux-ci envoyaient aux communautés de leur district des mandements contenant la somme imposée sur chacun.

Plus tard, cette répartition se fit par la commission intermédiaire, bureau composé de quatre-vingt-dix commissaires, savoir : dix-huit (six de chaque ordre), pour le diocèse de Rennes; neuf (3 de chaque ordre), pour chacun des huit autres diocèses. Sa création remonte au 30 janvier 1733.

Suivant un réglement fait par les États dans la tenue de 1758, les commissaires de Rennes devaient s'assembler quinze jours après la séparation des États, les années où ils se tenaient, et sinon dans le courant de janvier. A ce moment se faisait la répartition générale des impôts. Dans la quinzaine suivante, les tableaux, suivis du mandement contenant les sommes à lever, étaient envoyés dans chaque diocèse.

Cet envoi fait, les commissaires faisaient remettre au bureau des receveurs des fouages un état de toutes les impositions, pour qu'il fût procédé dans les délais prescrits par les mandements au recouvrement des sommes qui y étaient portées.

Les fouages se levaient sur les mandements adressés aux receveurs particuliers des fouages de chaque diocèse. Alors la communauté assemblée nommait les égaleurs et les collecteurs. Les premiers avaient pour mission, de concert avec les trésoriers et marguilliers des paroisses, de faire les rôles et de répartir les fouages en raison des biens roturiers possédés par chacun. Les rôles faits et rapportés par un notaire étaient ensuite délivrés aux collecteurs chargés du recouvrement. Ils en remettaient le produit dans certains termes aux receveurs des fouages, qui faisaient eux-mêmes passer le produit des fouages ordinaires au receveur général des finances. Ce dernier, les charges de la province acquittées, (une partie des tailles restant en effet dans les provinces pour payer la solde des garnisons, maréchaussées, gages des officiers des finances, travaux des ponts, etc.) (1), remettait le surplus au trésor royal.

Outre la taille, il y avait encore dans les temps modernes de nombreuses impositions grevant les propriétés ; ainsi : les dixièmes et vingtièmes, subsides par lesquels on percevait dans les circonstances difficiles une portion des revenus des biens ; la dîme ou dixième, prélèvement en nature fait sur les fruits et autres produits des fonds de terre, perçue au profit du clergé ; les corvées, sortes de prestations ou services fonciers ayant pour objet le service du seigneur aux champs. Il nous aura suffi d'indiquer ces diverses charges dont l'étude particulière ne jetterait aucune lumière sur notre sujet, et dont il ne resta plus au reste après la Révolution que le souvenir.

<hr>

(1) Monteit, *des Finances et des Financiers.*

DEUXIÈME PARTIE.

De l'Impôt foncier depuis 1789.

Tel était, avant 1789, l'ensemble des impositions directes en France, n'offrant que confusion et inégalité dans la répartition, qu'imperfection et abus dans le recouvrement. C'est en vain que l'on avait essayé de faire cesser cet état de choses ; les efforts tentés n'avaient produit aucun résultat, et le contribuable restait dans le découragement, grâce à l'incertitude de son sort et à la crainte d'une taxe souvent arbitraire, toujours excessive (1). Le clergé, en outre de ses immenses propriétés, recevait la dîme de toute terre noble ou non noble ; la noblesse n'était pas astreinte à la taille, et les roturiers, qui ne possédaient qu'une moitié du territoire de la France, avaient presque tous les impôts à leur charge. Les embarras financiers cependant avaient toujours été croissants, et l'on sentit, sous Louis XVI, que des réformes radicales étaient nécessaires. L'Assemblée des notables, réunie en 1787, préoccupée surtout de sauvegarder ses intérêts et d'échapper à l'impôt territorial, ne sut pas accepter ces réformes.

C'est aux États-Généraux, constitués le 17 juin 1789 en assemblée nationale, qu'était réservé l'honneur d'abolir ces impôts si multiples et

---

(1) Les corvées, supprimées à l'instigation de Turgot, avaient été rétablies après sa retraite.

si vexatoires de l'ancien régime, et de poser les fondements du nouveau droit public de la France en matière d'impôts.

Le droit de voter les subsides, droit dont jouissaient les pays d'État, était toujours resté l'une des franchises les plus anciennement revendiquées contre la monarchie. Aussi, l'art. 14 de la déclaration des droits de l'homme et du citoyen, du 26 août 1789, proclamait-il déjà que nul impôt ne pouvait être établi que par une loi. C'est là la garantie la plus sérieuse donnée aux contribuables ; il semble, au reste, naturel que la nation payant l'impôt, ses représentants en consentent le paiement et en déterminent l'emploi. « Si quelqu'un, a dit Locke, dans son *Traité du gouvernement civil*, prétendait avoir le droit d'imposer et de lever des taxes sur le peuple, de sa propre autorité et sans le consentement du peuple, il violerait la loi fondamentale de la société et détruirait la fin du gouvernement et des choses. » La Constitution du 3 septembre 1791 développait ce principe, resté la base de nos institutions, dans des textes qu'il est à propos de rappeler, parce que les règles qu'ils contiennent, conservées sous les divers gouvernements, existent encore dans l'état actuel de notre législation.

La Constitution délègue exclusivement au pouvoir législatif les pouvoirs et fonctions ci-après : 1° de fixer les dépenses publiques ; 2° d'établir les contributions publiques, d'en déterminer la nature, la quotité, la durée et le mode de perception; 3° de faire la répartition de la contribution directe entre les départements du royaume, de surveiller l'emploi de tous les revenus publics et de s'en faire rendre compte (titre III, chapitre 3, section 1re, art. 1er). Les contributions publiques seront délibérées et fixées par le Corps législatif, et ne pourront subsister au-delà du dernier jour de la session suivante, si elles n'ont été expressément renouvelées (titre V, art. 1er).

Créé par la loi du 23 novembre-1er décembre 1790, l'impôt foncier fut définitivement réglé par la loi du 3 frimaire an VII. Les deux premiers articles de cette loi portent :

Art. 1er. — Le Corps législatif établit chaque année une imposition foncière; il en détermine annuellement le montant en principal et en centimes additionnels; elle est perçue en argent.

Art. 2. — La perception de l'imposition (ou contribution foncière) est faite par égalité proportionnelle sur toutes les propriétés foncières, à raison de leur revenu net imposable, sans autre exception que celles déterminées ci-après pour l'encouragement de l'agriculture ou pour l'intérêt général de la société.

Ces deux articles renferment les principes fondamentaux de la contribution foncière et nous permettront de la définir, un impôt qui, perçu sur toutes les propriétés immobilières bâties ou non bâties, est réparti entre elles par égalité proportionnelle, à raison de leur revenu net et imposable.

L'*assiette* de l'impôt, c'est-à-dire la base sur laquelle il est établi, est donc le revenu de la propriété foncière, non pas le revenu brut, mais bien un revenu moyen, déduction faite de certaines charges, comme nous l'expliquerons plus loin.

L'impôt foncier est un impôt *direct*, parce qu'il frappe directement les propriétés des contribuables en saisissant une portion de leurs revenus, et ceux-ci ne peuvent échapper à cette créance de l'État tant qu'ils possèdent les facultés imposables. Il porte sur toutes les propriétés. Cette généralité des impôts était l'une des réformes les plus désirées. Les priviléges dont jouissait la noblesse n'avaient plus depuis longtemps leur raison d'être ; ceux du clergé avaient dépassé une juste mesure et devaient disparaître devant le principe de l'égalité civile, proclamé dans la nuit du 4 août 1789.

Il est *réparti*. L'impôt de répartition est celui dont le produit certain et fixé d'avance par le Pouvoir législatif chargé de voter tous les impôts, se répartit ensuite de degrés en degrés jusqu'entre les contribuables. Mais cette part contributive de chacun reste indéterminée ; elle n'est fixée qu'ultérieurement, par une opération dite *répartition* et que nous étudierons plus tard.

L'impôt de quotité, au contraire, est celui dont les taxes résultent de l'application à des éléments variables de tarifs déterminés et dont, par conséquent, les produits ne peuvent qu'être évalués approximativement au budget de l'État. Ici la quote-part de chaque contribuable est certaine et la somme totale incertaine.

La contribution foncière est répartie par *égalité proportionnelle*, c'est-à-dire qu'elle frappe le contribuable proportionnellement à son revenu et à ses facultés imposables. Rien n'est plus juste, en effet, que chacun concoure aux frais de la protection sociale, à raison de la quantité de biens protégée et dans la proportion elle-même de l'utilité que les charges de l'État lui procurent. De nombreux publicistes cependant ont pensé que l'impôt devait être progressif. L'impôt proportionnel suit une progression constante avec les revenus imposés. Celui, par exemple, qui a 100 fr. de revenus, devra, je suppose, 10 fr. de contributions; celui qui en aura 1,000 devra 100 fr., et ainsi de suite. L'impôt progressif, au contraire, s'élève à mesure que grandit la fortune du redevable, et la proportion est doublée, quadruplée dans cette mesure. Ainsi, tandis que celui qui a 100 fr. de revenus devra toujours 10 fr. de contributions, celui qui en aura 1,000 devra non plus 100 fr., mais 200 fr.; celui qui en aura 10,000 devra non plus 1,000 fr., mais 4,000 fr. Chose singulière, le premier impôt que nous trouvons à Athènes était établi sur une échelle progressive. Les citoyens qui possédaient des propriétés produisant 500 mesures de produits secs ou liquides étaient inscrits sur les tables du cens, pour toutes leurs facultés productives équivalant à un talent; ceux qui recueillaient 300 mesures n'étaient imposés que sur les 5/6 de leurs biens évalués à 3,600 drachmes, et ainsi de suite. Ceux qui ne recueillaient pas 200 mesures ne payaient rien. L'on remarquera toutefois que la progression était ici descendante.

L'idée de l'impôt progressif, non seulement n'est pas nouvelle en France, mais elle a reçu quelques applications sous l'ancienne monarchie. Cet impôt fit l'objet d'un projet de loi présenté à l'assemblée législative le 3 juillet 1848. Malgré tous les efforts de ses défenseurs, il fut repoussé comme injuste et dangereux. M. Thiers, dans son *Traité de la propriété*, en a montré l'arbitraire révoltant. Rœderer va jusqu'à le représenter comme incompatible avec aucun régime social. Le fond de ce système, en effet, est le nivellement des fortunes et le communisme, et les considérations les plus légitimes doivent pousser les législateurs à développer de plus en plus le système de la proportionnalité.

Enfin nous ajouterons que la contribution foncière se perçoit en argent.

La dîme royale de Vauban devait être, à l'exemple des dîmes du temps, une perception en nature, un prélèvement sur le produit brut du sol. Ce mode de recouvrement n'entraîna point l'Assemblée constituante, il avait été trop facile de reconnaître quelles difficultés et quelles fraudes inévitables aurait offertes à la perception un impôt levé en nature par l'État, et combien il aurait été injuste de percevoir sur le revenu brut, abstraction faite des dépenses d'entretien et de culture.

Cet exposé général des principes de la contribution foncière terminé, nous étudierons dans un premier chapitre comment on arrive à la fixation de l'impôt dû par chacun. Si le pouvoir législatif, en effet, fixe annuellement la somme que doit supporter la propriété foncière dans les charges publiques, il ne peut évidemment déterminer la part de chaque citoyen.

La perception fera l'objet d'un second chapitre.

Un troisième sera consacré à l'examen de la compétence et de la procédure relatives aux contestations que peut faire naître soit la fixation, soit la perception de l'impôt foncier.

CHAPITRE PREMIER.

Assiette de l'impôt foncier. — Sa répartition.

L'assiette de l'impôt foncier comprend tout ce qui a rapport à la détermination et à la constatation de la matière imposable.

La répartition embrasse toutes les opérations qui ont pour but de distribuer l'impôt foncier, d'abord entre les circonscriptions administratives, puis entre les particuliers.

§ 1er. — ASSIETTE DE L'IMPÔT FONCIER.

L'impôt foncier est assis sur toutes les propriétés foncières à raison de leur revenu *net imposable*.

Le revenu net est pour les terres ce qui reste au propriétaire, déduction faite sur le produit brut des frais de culture, semence, récolte et entretien ; pour les propriétés bâties, ce qui lui reste, déduction faite sur leur valeur locative calculée sur un nombre d'années déterminé, de la somme nécessaire pour l'indemniser du dépérissement et des frais d'entretien. En ce qui touche les propriétés non bâties, le produit brut est évalué d'après des règles différentes, selon la nature des cultures, en prenant pour base la moyenne d'un certain nombre d'années. Cette déduction sur le produit brut des terres n'est point évaluée par la loi. Pour les propriétés bâties, elle est d'un quart de la valeur locative, et pour les fabriques, forges et usines, d'un tiers, à raison de l'entretien plus dispendieux.

Le revenu imposable est le revenu net moyen, calculé sur un certain nombre d'années. Pour les terres labourables, vignes et prairies naturelles, c'est sur les quinze années antérieures à l'évaluation, dont on retranche les deux plus fortes et les deux plus faibles, qu'on forme l'année commune dont le produit brut sert de base au calcul du revenu net. Le revenu net imposable des maisons d'habitation et des usines est déterminé d'après leur valeur locative, calculée sur dix années, sous la déduction mentionnée plus haut. Les propriétés bâties sont imposables en deux parties : le sol sur le pied des meilleures terres labourables ; la bâtisse d'après la valeur locative, déduction faite de l'estimation du sol. Chaque estimation est portée à la matrice sous un article différent, afin qu'en cas de démolition des bâtiments, il ne soit pas nécessaire d'évaluer de nouveau le sol.

Les maisons inhabitées, les bâtiments servant aux exploitations rurales, tels que écuries, celliers, caves et autres, ainsi que les cours des fermes, ne sont soumis à la contribution foncière qu'à raison des terrains enlevés à la culture, estimés sur le pied des meilleures terres labourables de la commune (art. 84 et 85 de la loi de frimaire an VII). Les terres soustraites à la culture dans un but de plaisance, comme les terrasses de jardins, les pièces d'eau, les allées, celles employées par les chemins de fer et les canaux artificiels, sont assimilées aux fonds de terre les plus haut estimés.

Les terres sans rapport, telles que les bruyères, dunes, bancs de sable, terres vaines et vagues, sont évaluées à leur valeur réelle, sans que néanmoins leur revenu net puisse être apprécié à moins de cinquante centimes par hectare.

Les mines, carrières et tourbières, salines et marais salants, sont évalués en raison seulement de la superficie du terrain occupé par leur exploitation et sur le pied des terrains environnants.

L'évaluation des bois en coupes réglées est faite d'après le prix moyen de leurs coupes annuelles, celle des bois taillis qui ne sont pas en coupes réglées, des bois âgés de trente ans ou plus et non aménagés en coupes réglées, d'après leur comparaison avec les autres bois de la commune.

Il faut remarquer que ces diverses évaluations des propriétés bâties ou non bâties sont faites sans égard aux charges dont elles peuvent être grevées, telles que les rentes foncières et les hypothèques. Il est certain que ces charges ne changent rien au revenu réel de la propriété. C'est là cependant un des plus graves reproches que l'on ait élevés contre l'impôt foncier, et à bon droit, semble-t-il, puisque, dans le cas de l'hypothèque, par exemple, le créancier hypothécaire, véritable propriétaire, ne supporte pas l'impôt, tandis que le propriétaire nominal devra payer au fisc la même somme que si sa terre était complétement libre.

Détermination des immeubles imposables.

En principe, tout immeuble, quel qu'en soit le propriétaire, est imposable. Les propriétés, même en apparence improductives, doivent supporter une part dans la contribution foncière; pour s'affranchir de cette obligation, les propriétaires n'ont d'autre ressource que de délaisser au profit de la commune leurs terres vaines et vagues, landes et bruyères, sans revenu. Pourtant ce principe de la généralité de la contribution foncière, si rigoureux qu'il soit, reçoit quelques exceptions. Les premières sont motivées par des considérations d'utilité publique; les secondes par l'intérêt de l'agriculture ou de l'industrie. Celles-ci sont en général temporaires, l'exemption de l'impôt ayant dû au bout d'un certain temps désintéresser suffisamment le propriétaire. Celles-là, au contraire, sont permanentes ou tout au moins durent aussi longtemps qu'il y a affectation à un service public des immeubles exemptés.

1° *Exemptions permanentes.*

Sont exemptés totalement de l'impôt les rues, places publiques, grandes routes, chemins publics vicinaux et rivières, ainsi que tous les domaines nationaux improductifs réservés pour un service national (loi du 3 frimaire an VII, art. 103, 105).

Un décret du 11 août 1808, non inséré au bulletin des lois, a plus tard développé le sens de cette dernière disposition. Aux termes de ce décret, sont exemptés de l'impôt foncier : les palais du Sénat et du Corps législatif, le Panthéon, l'hôtel des Invalides, l'École militaire, l'École polytechnique, le Jardin-des-Plantes, les hôtels des Ministres, des administrations et de leurs bureaux, les églises et temples consacrés au culte public, les cimetières, les archevêchés, évêchés, séminaires, presbytères, etc., les bâtiments occupés par les cours de justice et tribunaux, les lycées, écoles et maisons d'éducation dirigées par l'Université, les bibliothèques publiques, musées, les hôtels de préfecture et sous-préfecture, les maisons communales, les hospices, prisons, glacis et fortifications, en un mot tous les bâtiments appartenant à l'État, aux départements ou aux communes dont la destination a pour objet l'utilité publique.

On voit par cette énumération qu'au point de vue de l'impôt, il n'y a pas de différence à établir entre le domaine public et le domaine privé, mais bien entre les biens productifs ou non. C'est ainsi que les canaux de navigation sont soumis à l'imposition, bien qu'ils fassent, comme les grandes routes, partie du domaine public. Mais les canaux sont productifs, tandis que les grandes routes ne le sont pas. Or, l'impôt atteint toutes les choses productives de revenu. De même encore, les glacis sont assujettis à l'impôt lorsqu'il y a été élevé des constructions, ou encore lorsque les herbages qui croissent sur leur sol ont été affermés.

Quant aux immeubles qui font partie du domaine privé de l'Etat et sont productifs de revenu, ils sont soumis à l'impôt, sauf les bois et forêts qui ont été exemptés par la loi du 19 ventôse an IX (art. 1er). On comprend parfaitement que l'Etat puisse être dispensé de payer les impôts; en se payant l'impôt à lui-même, il ferait une opération dont le Trésor public ne tirerait aucun avantage. La loi l'y soumet, il est vrai, pour les biens productifs de revenus, mais il ne faut voir là qu'une exagération du principe de l'égalité qu'elle n'a pas appliqué, toutefois, aux bois et forêts de l'Etat, exemptés comme nous venons de le dire.

2° *Exemptions temporaires.*

Les autres exemptions, dont le but principal est d'encourager l'agriculture, sont purement temporaires. Tantôt la dispense de l'impôt est absolue; tantôt l'exemption n'a d'autre effet que d'en empêcher l'élévation.

Citons d'abord l'exemption consacrée par l'art. 88 de la loi de frimaire. Cet article porte que les maisons, fabriques, manufactures et autres bâtiments nouveaux ne seront soumis à la contribution foncière que la troisième année après leur construction. Il ajoute que le terrain qu'ils enlèvent à la culture continuera à être cotisé comme il l'était avant. L'on pourrait croire dès lors qu'il n'y a pas ici dispense absolue, mais nous savons déjà que l'on évalue séparément le sol et les bâtiments proprement dits. L'art. 226 du Code forestier exempte également de tout impôt pendant trente ans, *les semis et plantations de bois sur le sommet et le penchant des montagnes, sur les dunes et dans les landes.*

La cotisation des marais qui sont desséchés ne peut être augmentée pendant les vingt-cinq premières années après le desséchement; celles des terres vaines et vagues depuis quinze ans et qui sont mises en culture pendant les dix premières années après le défrichement. La cotisation des terres vaines et vagues ou en friche depuis un certain temps ne peut être augmentée pendant les trente ou les vingt premières années de l'exploitation, selon qu'elles sont plantées en bois ou bien en vignes, mûriers et autres arbres fruitiers.

Quant à ces terrains déjà en valeur, le revenu imposable ne peut être évalué pendant les quinze premières années de la plantation qu'au taux de celui des terres d'égale valeur non plantées, s'il s'agit de vignes; pendant les trente premières années de la plantation, au quart seulement du revenu des terres d'égale valeur non plantées, s'il s'agit de bois. (Art. 111 à 116.)

Pour jouir de ces avantages, le propriétaire doit, avant les travaux de desséchement ou de défrichement, faire à la sous-préfecture une déclaration détaillée des terrains qu'il veut ainsi améliorer. Le sous-préfet fait, dans les dix jours qui suivent la déclaration, visiter les terrains déclarés, et le procès-verbal reste affiché pendant vingt jours, tant dans la commune de la situation des biens qu'au chef-lieu du canton. Les répartiteurs et les autres contribuables peuvent, dans ce délai, présenter leurs observations et réclamer contre la sincérité de la déclaration. S'il n'y a pas d'opposition, le sous-préfet statue, sinon la demande est soumise à la décision du préfet qui prononce en conseil de préfecture.

§ 2. — DE LA RÉPARTITION DE L'IMPOT FONCIER. — DU CADASTRE.

La répartition de l'impôt foncier exige la connaissance préalable des revenus des immeubles; le cadastre est le moyen employé pour connaître ces revenus.

Le montant général de la contribution foncière avait été fixé originairement à la somme de 240 millions par la loi du 23 novembre 1790. L'Assemblée constituante, manquant d'éléments certains qui pussent servir à une fixation éclairée et équitable du contingent total, ne pouvait que prendre la somme des anciens impôts supportés par les immeubles. C'est aussi ce qu'elle fit, en y ajoutant toutefois ce qu'auraient dû payer les privilégiés, et elle décida que la répartition s'en opérerait au marc la livre d'après les anciennes impositions.

Ce système devait conduire à de grandes inégalités, par suite du défaut d'unité qui régnait dans l'administration financière de la France avant 1789. L'Assemblée elle-même le sentait bien; mais les besoins de l'État étaient pressants, et il valait mieux encore suivre un mode d'opérer consacré par le temps que de faire l'essai de nouvelles théories qui n'auraient, à coup sûr, pas produit de données plus certaines. Aussi, pour faire cesser une inégalité qui ne pouvait disparaître que par l'évaluation générale des revenus territoriaux et la connaissance exacte des forces contributives du pays, jeta-t-elle les bases du cadastre par les lois des 4-28 août et 16-23 septembre 1791.

Grâce aux événements politiques, l'exécution de cette idée fut ajournée et, sous le Consulat, le même arbitraire dans la répartition de l'impôt foncier régnait toujours. Au commencement de l'Empire, une commission fut chargée de nouveau d'examiner la question du cadastre. On crut qu'il suffirait de faire opérer l'évaluation des revenus par masses de culture. Ce système était vicieux ; s'il permettait, en effet, de rétablir la proportionnalité entre les circonscriptions administratives, la répartition individuelle qu'il importait le plus d'obtenir et de perfectionner, puisque c'est là surtout que doit se réaliser le principe de l'égalité proportionnelle, n'était pas corrigée. Ce résultat ne pouvait être atteint que par l'institution du cadastre parcellaire, dont la confection fut ordonnée par la loi du 15 septembre 1807.

D'après cette loi, le cadastre devait servir à régulariser la répartition, non seulement entre les individus, mais encore entre chaque division administrative. De la sorte, au lieu de fixer chaque année un chiffre que l'on aurait ensuite successivement réparti entre les départements, les arrondissements et les communes, on aurait pu fixer un chiffre définitif pour toute la France, puis demander une partie des revenus nets, constatés par les matrices cadastrales des diverses communes de chaque département. Mais il aurait fallu pour cela que les évaluations eussent toujours été vraies et proportionnelles. Or, on ne tarda pas à s'apercevoir que cette condition indispensable manquait au cadastre; que les revenus territoriaux étaient en général atténués; qu'en tout cas, ils étaient souvent de commune à commune dans des proportions différentes. Le cadastre ne pouvait, dans de telles conditions, conduire à une répartition équitable entre les circonscriptions administratives. C'est pour cela que la péréquation, d'abord renfermée dans les limites de l'unité départementale par la loi du 10 mars 1813, puis entre les cantons d'un même arrondissement (loi du 15 mai 1818), le fut enfin entre les contribuables d'une même commune par la loi du 31 juillet 1821. Depuis lors, les opérations du cadastre n'ont plus eu pour objet que de donner le revenu relatif des propriétés d'une même commune et de corriger les inégalités qui existaient dans la répartition individuelle.

Nous devons expliquer comment on a obtenu ce cadastre, et pour cela montrer en quoi consistent les opérations cadastrales. Comme elles sont terminées aujourd'hui dans tous les départements, sauf en Savoie, dans les Alpes-Maritimes et la Corse, nous en ferons un rapide exposé.

Le cadastre est l'état descriptif, fait commune par commune, de toutes les parcelles de propriété immobilière, avec l'estimation des revenus que produit chacune d'elles.

Sa confection nécessite deux sortes d'opérations : 1° les travaux d'art; 2° l'évaluation du revenu de chaque parcelle décrite sur le plan.

1° *Travaux d'art.*

Ils comprennent la délimitation des communes, la division en sections, la triangulation, l'arpentage et la levée des plans.

On commence par faire la délimitation de la commune. Ce travail est confié à un géomètre en chef, nommé par le Ministre des finances, aidé de collaborateurs choisis par lui et agréés par le préfet. S'il ne s'élève aucune difficulté, le géomètre rédige un procès-verbal qu'il signe et qu'il fait signer par les maires des communes intéressées. Dans le cas contraire, il porte sur un croquis figuratif les limites prétendues de part et d'autre, consigne les prétentions de chacun et donne son avis. La contestation est jugée par le préfet, si les communes font partie du même département; sinon, par le ministre.

On procède ensuite à la division par sections, afin de rendre la confection du plan plus facile, et à la triangulation, c'est-à-dire que l'on établit un réseau de triangles dont on calcule les côtés par la mesure de l'un d'eux et l'observation des angles. Le but de la triangulation est de circonscrire l'arpenteur dans un polygone dont les côtés, mesurés avec une grande précision, lui servent de guide, de manière à ce qu'une erreur, dans les distances qu'il mesure à la chaîne, ne puisse se prolonger sans être découverte.

Après la triangulation vient l'arpentage de chaque parcelle et la levée du plan. On appelle parcelle toute portion de terrain qui se distingue de celles qui l'entourent par la différence soit du propriétaire, soit de la nature de la culture. Les propriétaires, leurs fermiers ou représentants sont avertis de l'opération qui, une fois terminée, est vérifiée par le géomètre en chef et le directeur des contributions directes. Les parties intéressées sont mises à même de contrôler ces travaux. Dans ce but, après qu'il a été dressé un tableau énonçant les noms des propriétaires, la situation, la nature, le numéro, la contenance de chaque parcelle, remise est faite à chaque propriétaire d'un bulletin indiquant la contenance des parcelles cadastrées sous son nom. Le géomètre qui a levé le plan reçoit les observations de chacun et opère aussitôt les rectifications qu'il reconnaît justes. Si dans le cours de ces opérations il s'élève des contestations sur la propriété d'une parcelle, le géomètre essaie de concilier les prétendants, sinon il indique au plan figuratif les divisions qu'il trouve établies d'après les bornes ou les limites naturelles, ou s'il n'y en a pas, il donne à la parcelle litigieuse autant de numéros qu'il y a de prétendants, sauf rectification, après jugement, par les tribunaux compétents.

Il n'est pas sans intérêt de rappeler à ce propos quelles espérances on avait fondées sur le cadastre. L'on s'était flatté, dans le principe, que non seulement il servirait à l'assiette de l'impôt foncier, à l'égale répartition des charges publiques entre les départements, les arrondissements, les communes et les contribuables, mais encore qu'il deviendrait un véritable titre de propriété. Ce devait être la preuve irrécusable du droit de chacun, l'arbitre des contestations de voisinage, le gardien des limites et de l'étendue des héritages. L'expérience ne tarda pas à montrer à quel point ses auteurs s'étaient bercés d'illusions et il devait en être ainsi. Préoccupé de son objet spécial, le cadastre devait plutôt décrire les faits existants, constater la possession et non constituer le droit. Il ne pouvait, du reste, convenir à des agents administratifs, peu habitués à trancher les questions de propriété, d'exercer un pouvoir qui ne peut appartenir qu'aux tribunaux prononçant après exhibition régulière des titres et étude préalable du droit de chacun. Peut-être cependant, si l'on ne saurait lui attribuer une autorité juridique, pourra-t-il servir un jour à reconstituer l'ancien assemblage des propriétés, de plus en plus divisées par les travaux de culture, les partages et démembrements successifs.

Lorsque la minute du plan cadastral est enfin arrêtée, une copie en est faite pour chaque commune sur des feuilles reliées en atlas. Cette copie est précédée d'un tableau d'assemblage présentant la circonscription de la commune, sa division en sections, les principaux chemins, les montagnes, rivières, forêts, la position du chef-lieu, etc., etc. La minute du plan est conservée pour les besoins de l'administration.

2° *Évaluation du revenu.*

Chaque parcelle mesurée, il devient nécessaire d'estimer son revenu, puisque l'impôt a pour base non l'étendue de la propriété foncière, mais bien son revenu net. Cette expertise comprend trois opérations : 1° la classification; — 2° le tarif des évaluations; — 3° le classement.

Elle a pour objet de répartir les fonds en différentes classes, d'après leur valeur imposable. Ce travail n'est plus confié à l'Administration; il est fait par les contribuables eux-mêmes ou leurs représentants désignés sous le nom de classificateurs. Il n'est pas indispensable, en effet, que cette estimation soit exacte, il suffit qu'elle soit proportionnelle pour toutes les propriétés de la même commune. Le conseil municipal, à cet effet, s'adjoint les contribuables les plus imposés en nombre égal à celui de ses membres, de manière à ce que toutes les natures de propriété soient représentées. Ainsi composé, il choisit cinq personnes, dont deux au moins domiciliées dans la commune, parmi les propriétaires des principales cultures.

Les classificateurs ainsi nommés procèdent de la sorte :

1° *Classification.* — Elle consiste à diviser en plusieurs classes les différentes natures de propriété situées dans la commune, eu égard à leur importance respective. Pour cela, les classificateurs font avec le contrôleur des contributions une reconnaissance générale de la commune, déterminent le nombre de classes à établir par chaque genre de propriété, à raison des différents degrés de fertilité du sol et de la valeur des produits; puis, pour chaque classe, des objets donnés sont choisis comme types, auxquels on compare tous les autres objets de même nature. Le nombre des classes ne peut dépasser cinq pour chaque genre de culture (vignes, prés, terres labourables, bois). Les maisons peuvent être divisées en dix classes dans les communes rurales; dans les villes et communes très-peuplées, chaque maison doit être évaluée séparément. Il en est de même pour les usines, fabriques et manufactures.

2° *Évaluation.* — La classification terminée, il est procédé à la fixation du revenu imposable de chaque genre de culture. Pour les immeubles non susceptibles d'être classés, une évaluation particulière a lieu; pour ceux qui ont été classés, on prend pour base de leur évaluation le terme moyen par hectare du produit net des parcelles choisies comme types. Cette somme ainsi fixée pour être le revenu net par hectare de chaque classe s'appelle le *tarif d'évaluation*. On s'assure de l'exactitude de ce tarif en en faisant l'application à quelques domaines affermés ou dont la valeur est certaine, et l'on découvre de la sorte s'il est bien arrêté.

Le projet de tarif est ensuite soumis au conseil municipal, composé comme nous l'avons dit plus haut, et les particuliers peuvent pendant quinze jours en prendre connaissance à la mairie et présenter leurs observations. Le conseil municipal donne son avis motivé et propose des modifications s'il y a lieu. Si le préfet auquel des pièces sont transmises n'apporte pas lui-même de modifications au tarif, il l'arrête définitivement.

3° *Classement.* — Enfin, les classificateurs, assistés du contrôleur, entreprennent le classement, qui consiste à distribuer entre les différentes classes toutes les parcelles qui appartiennent à chaque propriétaire. Les cultures qui n'ont pu être comprises dans une classe spéciale sont rangées dans celles avec lesquelles elles offrent le plus d'analogie. Les propriétaires ou leurs représentants peuvent assister au classement et y contredire.

Confection de la matrice cadastrale. — Renouvellement du cadastre.

Cet ensemble d'opérations permet de connaître le revenu net et imposable de chaque parcelle de terre; il ne s'agit plus dès lors que de connaître le revenu total de la commune et le revenu de chaque propriétaire. Pour cela, l'administration des contributions directes, à laquelle ce travail est confié tout entier, dresse les états de sections, comprenant les parcelles comprises dans chaque section de la commune, avec le nom du propriétaire, le numéro, la situation, le revenu de chaque parcelle, et ensuite la matrice cadastrale, qui réunit dans un même article toutes les parcelles appartenant au même propriétaire, avec leur estimation, et qui représente de la sorte le revenu total de chacun. Cette matrice est déposée à la direction des contributions directes et une copie en est envoyée à la mairie de chaque commune. Elle permet elle-même de dresser les rôles cadastraux ou états sur lesquels est indiquée la part de la contribution foncière que le contribuable devra supporter chaque année.

Il est évident que ces opérations, longues et dispendieuses, ne peuvent se renouveler chaque année; cependant le cadastre perdrait une grande partie de son utilité si les matrices cadastrales n'étaient pas tenues au courant des changements de propriétaires.

C'est là le but du travail annuel des mutations confié aux contrôleurs. Ces agents opèrent au moyen des actes translatifs de propriété dont les relevés sont faits par eux dans les bureaux d'enregistrement, au moyen des déclarations des propriétaires et des cahiers de notes des percepteurs. Le percepteur tient, pour chaque commune de sa réunion, ce cahier, qu'il porte avec lui dans ses tournées, afin d'y indiquer les changements ou rectifications qui arrivent à sa connaissance, et les renseignements qu'il a pu recueillir pour l'amélioration de l'assiette des contributions, notamment en ce qui concerne les constructions nouvelles. Des tournées spéciales et une tournée générale ont lieu chaque année pour l'exécution du travail des mutations.

Après son achèvement, le contrôleur envoie au directeur toutes les pièces nécessaires à la rectification de la matrice générale. Muni de ces documents, celui-ci fait procéder à l'application des mutations sur les matrices déposées dans ses bureaux. Les mêmes changements sont opérés plus tard par le contrôleur sur l'expédition déposée dans les mairies.

Il ne serait pas moins utile de faire subir aux plans cadastraux eux-mêmes les changements nécessaires pour qu'ils fussent toujours conformes à l'état des lieux; cette révision générale a été empêchée jusqu'ici par les difficultés de l'exécution. Depuis un grand nombre d'années cependant, ces plans ne représentent plus l'image exacte des propriétés; d'un autre côté, par suite des diverses circonstances qui modifient la propriété et la valeur relative de ses produits, les premières évaluations cadastrales, même de commune à commune, ont perdu leur proportionnalité. De là les deux inconvénients du cadastre : le premier, de ne pas suivre les progrès de la matière imposable et de ne pas en faire profiter l'État; le second, d'établir, contrairement au but qu'il se proposait, des inégalités regrettables entre les contribuables. Dans certaines parties de la France, on a entrepris de grands travaux de desséchement; l'on a établi des

canaux, des grandes routes, des chemins de fer. Autour des centres in-
dustriels élevés dans le voisinage de ces travaux, le revenu net s'est accru
en de telles proportions que, comparé au revenu d'autres parties de la
France moins favorisées et qui dans le principe étaient peut-être de valeur
égale, il se double et se quadruple. C'est ainsi que malgré les égalisations
successives par suite de dégrèvements qui ont eu lieu jusqu'en 1821 (1),
il y a des départements qui sont aujourd'hui imposés deux fois autant que
d'autres et des communes qui sont imposées dix fois autant que d'autres
communes. On devrait donc, en commençant le cadastre, commencer
aussitôt l'œuvre de sa rectification, ou en d'autres termes comme pour la
toile de Pénélope, selon la comparaison de M. de Hock (2), défaire pendant
la nuit ce que l'on a fait pendant le jour.

La loi du 16-21 août 1835 a essayé de remédier en partie à ce mal, en
décidant que les maisons et usines nouvellement construites ou recons-
truites et devenues imposables seraient cotisées comme les autres propriétés de la commune où elles sont situées et accroîtraient le contingent
de la contribution foncière, de même que l'on tiendrait compte des démo-
litions. La loi du 7 août 1850 a en outre, en présence des plaintes sou-
levées par les inexactitudes survenues dans les anciennes données du
cadastre, permis d'en renouveler les opérations qui ont trente ans de
date, mais ce renouvellement n'a lieu que sur le vœu des communes qu'il
concerne, avec l'approbation du conseil général du département et à leurs
frais. Cette loi avait également prescrit, en vue de réparer les inégalités
encore existantes, une nouvelle évaluation des revenus territoriaux. Ce
travail a été exécuté par les agents des contributions directes, mais le
gouvernement n'en a pas encore fait usage, pour établir l'égalité proportionnelle entre les départements, ou du moins pour dégrever ceux qui
étaient surchargés et les ramener au taux moyen de la généralité des
départements.

---

(1) A cette époque, la contribution foncière n'était plus que de 154,678,130 fr.,
L. 31 juillet 1821.
(2) Ch. de Hock, *Admin. financ. de la France.*

§ 3. — Répartition de la contribution annuelle.

Le cadastre connu et les bases de la répartition établies, nous dirons en quelques mots comment la somme annuellement votée par l'Assemblée nationale est répartie entre les contribuables :

1° La part contributoire à supporter par chaque département est fixée par l'Assemblée elle-même, dans des états dits de répartement et qui sont annexés à la loi du budget. Nous connaissons les bases de cette répartition, qui ne sont autres que les résultats déjà donnés par le cadastre, par de nombreux actes de vente, les baux, inscriptions hypothécaires et autres renseignements recueillis par l'administration. Les contingents primitivement fixés sont ainsi modifiés d'après les variations constatées dans le revenu.

2° Le Conseil général règle à son tour, avec un droit souverain, la répartition entre les arrondissements, en tenant compte toutefois des augmentations ou des diminutions de valeur qui ont pu se produire entre les arrondissements, et des demandes en réduction formées par les conseils d'arrondissement avant la réunion annuelle du conseil général, sur les réclamations des communes. Le résultat de la répartition ainsi opérée est porté sur un tableau remis au préfet et qu'il adresse au ministre des finances. Une copie de ce tableau est envoyée au directeur des contributions directes et un mandement lui faisant connaître le contingent de son arrondissement adressé à chaque sous-préfet.

3° La répartition entre les communes est faite par le conseil d'arrondissement dans la seconde partie de sa session. Ce conseil porte à son tour le résultat de la répartition sur un tableau dressé par commune et copie de ce mandement est adressée aux maires par le sous-préfet pour la répartition à faire entre les contribuables.

4° Enfin le contingent assigné à la commune est réparti dans la localité même entre tous les contribuables et sans le secours de l'administration, non plus par un corps électif, mais par une commission de répartiteurs composée de sept membres, qui sont : 1° le maire et son adjoint; 2° cinq citoyens choisis pour un an par le sous-préfet parmi les propriétaires fonciers de la commune, dont deux au moins domiciliés hors de son territoire, s'il s'en trouve de tels.

Les fonctions de répartiteurs ne peuvent être refusées que pour des causes déterminées; ils ne peuvent, sous aucun prétexte, se dispenser de faire les opérations dont ils sont chargés, et lors même qu'il se produirait des demandes en décharge ou en réduction, ou qu'ils reconnaîtraient eux-mêmes, au cours de leur travail, que l'égalité proportionnelle a été violée.

Le travail qui leur est confié consiste uniquement, en effet, à répartir entre les contribuables le contingent de la commune, proportionnellement au revenu foncier de chacun. Ces revenus sont connus à l'avance par les évaluations cadastrales. Il ne s'agit plus dès lors que de rechercher le rapport qui existe entre le contingent de la commune et le revenu total des propriétés qu'elle renferme, et d'appliquer ce rapport au revenu de chaque propriété. Ce travail est, du reste, simplifié par les calculs qui se font préalablement dans les bureaux de la direction des contributions directes. Aussitôt que l'on connaît le chiffre imposé à la commune, on le divise par le revenu imposable. Le quotient est le centime le franc. Les bases et les résultats de cette opération sont consignés dans un tableau placé en tête de la matrice cadastrale. Le centime le franc calculé, on dresse un tarif qui doit faire connaître la contribution depuis 1 fr. jusqu'à 100 fr. Son application au revenu de chaque propriétaire détermine ce qu'il doit payer.

CHAPITRE II.

Perception de la contribution foncière. — Qui doit payer l'impôt? — Par qui et comment est-il perçu? — Prescription. — Poursuites et privilége du Trésor.

§ 1ᵉʳ. — QUI DOIT PAYER L'IMPÔT?

La contribution foncière étant une charge de la propriété, doit être acquittée par le propriétaire, bien qu'elle soit indépendante de sa personne; l'impôt est, en effet, un droit réel. Remarquons, toutefois, qu'il est assis spécialement sur les fruits et revenus des immeubles. Proud'hon enseigne (*Traité des droits d'usufruit*, p. 3730) que la contribution foncière n'est considérée en droit que comme une délibation à prendre sur les fruits du fonds ou sur l'utilité de la jouissance de l'héritage, soit qu'il s'agisse de bâtiments ou de fonds ruraux; que ce principe, positivement consacré par l'art. 608 du Code civil, relativement à l'usufruitier, est reconnu de même par l'art. 10 de la loi du 6 août 1794, relativement au superficiaire. Il suit de là que celui qui est propriétaire des fruits est débiteur de la contribution. L'emphytéote et le domanier doivent payer la contribution foncière, parce qu'ils jouissent en propriétaires; il en est de même de l'usufruitier, qui n'a rien à réclamer contre le nu-propriétaire. Les détenteurs à titre précaire, ou qui ont seulement un droit d'antichrèse ou d'usage, lequel ne donne pas la propriété utile, ne sont point obligés au paiement de l'impôt. Cependant, aux termes de l'art. 2 de la loi du 12 novembre 1808, les fermiers et locataires sont tenus de payer à l'acquit des propriétaires ou usufruitiers la contribution des biens qu'ils tiennent à ferme ou à loyer. La raison en est que le privilége du Trésor, portant sur les récoltes et revenus, serait le plus souvent illusoire, s'ils ne pouvaient être poursuivis comme les propriétaires eux-mêmes. Cette obligation n'a lieu que pour la contribution de l'année courante; pour celle de l'année échue, le fermier ne peut être poursuivi qu'autant qu'il doit encore au bailleur, ou s'il n'a plus entre les mains les récoltes de l'année échue. Pour les années antérieures à l'année échue, il n'est obligé ni directement, ni par l'effet du privilége.

Dans ses rapports avec le propriétaire, le fermier n'est pas tenu de supporter l'impôt. Il est tenu seulement d'en faire l'avance, en déduction du prix de bail, sauf convention contraire. Au reste, le percepteur conserve le droit d'agir contre le propriétaire, même au cas où le fermier est chargé par le bail de payer les contributions, comme il résulte implicitement de l'art. 6 de la loi du 4 août 1844.

Sont encore tenus de payer, comme le redevable lui-même, ses héritiers et légataires (art. 36, loi du 3 frimaire an VII). En cas de vente, l'ancien propriétaire reste obligé envers le Trésor, sauf son recours contre l'acquéreur, tant que la mutation de propriété n'a pas été opérée et constatée sur les rôles, l'impôt étant dû en principe par la personne inscrite au rôle.

§ 2. — PAR QUI ET COMMENT SE PERÇOIT L'IMPÔT FONCIER.

Le recouvrement des contributions directes est aujourd'hui confié dans chaque département à une agence comprenant : un receveur général, un receveur particulier par arrondissement et plusieurs percepteurs. Cette agence est placée sous les ordres de la direction de la comptabilité générale des finances.

Les receveurs généraux et particuliers centralisent encore les produits des impôts indirects.

Le Président de la République nomme les trésoriers généraux et les receveurs particuliers des finances, sur la présentation du Ministre des finances.

Celui-ci nomme aujourd'hui tous les percepteurs, à quelque classe qu'ils appartiennent.

Les percepteurs ont seuls qualité pour effectuer et poursuivre le recouvrement des contributions directes; l'administration les autorise, toutefois, à se faire suppléer par des fondés de pouvoir agréés du receveur.

Ils sont responsables du recouvrement des sommes portées sur les rôles. Ils en doivent compte au receveur particulier, qui lui-même en doit compte au receveur général, lequel est responsable vis-à-vis du Trésor. Ces derniers doivent verser dans les caisses de l'État le montant intégral des rôles, soit en argent, soit en ordonnances de dégrèvement, avant le 30 novembre de la seconde année de l'exercice. Si à cette époque il y a des restes à recouvrer, les percepteurs sont autorisés à en poursuivre la rentrée au nom du Trésor, jusqu'à la fin de la troisième année de l'ouverture de l'exercice. Passé ce délai, ils soldent eux-mêmes les rôles de leurs deniers personnels et sont subrogés aux droits du Trésor contre les redevables; mais ils ne peuvent agir contre eux, lorsqu'ils ont laissé passer sans faire de poursuites trois ans, à compter du jour où les rôles leur ont été remis, ou lorsque, après avoir commencé les poursuites, ils les ont abandonnées pendant le même laps de temps. Les poursuites véritables commencent avec la garnison collective ou individuelle.

Il peut arriver que certaines cotes ne puissent être recouvrées par les percepteurs, malgré leur diligence et les moyens mis à leur disposition. Ce sont celles qui portent sur des individus décédés avant le premier janvier, sur des personnes non domiciliées dans la commune et n'y possédant rien, ou bien encore sur des individus dûment imposés, mais insolvables. Dans ces divers cas, il serait injuste de rendre le percepteur responsable du non recouvrement; aussi a-t-il le droit d'en demander la décharge.

Pour les cotes indûment imposées, il dresse un état qui doit être soumis au Conseil de préfecture dans les trois mois de la publication des rôles. Les cotes dont la décharge est accordée de la sorte sont réimposées l'année suivante.

Le second état, qui comprend les cotes irrécouvrables, doit être présenté dans les deux premiers mois de la seconde année de l'exercice. C'est ici le préfet qui statue; il alloue en non-valeurs celles dont le percepteur justifie n'avoir pu opérer le recouvrement. C'est, comme nous le verrons plus loin, l'application même des principes auxquels sont soumis les dégrèvements accordés sur les réclamations directes des contribuables.

Les percepteurs ne peuvent exiger aucune somme des contribuables, s'ils ne sont porteurs du rôle rédigé chaque année par commune sur la matrice cadastrale. Ce rôle, préparé par les soins de l'Administration des contributions directes, forme le titre de l'Etat. Il est rendu exécutoire par le préfet. Cette formalité, qui doit être remplie dans les dix jours de la présentation qui lui est faite des rôles par le directeur des contributions directes, consiste dans une déclaration inscrite au bas desdits rôles et par laquelle le préfet certifie en avoir vérifié le contenu, en arrête le montant, mande aux percepteurs d'en faire le recouvrement et enjoint aux contribuables d'acquitter les sommes y contenues.

Revêtus de cette formule exécutoire, les rôles sont adressés aux receveurs des finances, qui en font la remise aux percepteurs. Ceux-ci les présentent aux maires chargés d'en faire la publication. Cette publication consiste dans une affiche sur papier non timbré, apposée à la porte de la mairie le dimanche qui suit la réception des rôles et avertissant les contribuables que le rôle, revêtu des formalités prescrites, est entre les mains du percepteur, et que chaque citoyen doit acquitter la somme pour laquelle il est porté audit rôle, sous peine d'y être contraint par toutes voies de droit.

Avant de mettre en recouvrement les rôles qui leur sont envoyés, les agents de la perception doivent s'assurer de la régularité des impositions, car une disposition insérée chaque année dans la loi de finances punit de peine de la concussion toute perception non autorisée par la loi; ils doivent aussi vérifier l'exactitude des calculs qui sont établis dans les rôles.

Mais cette publication officielle, faite par les soins de l'autorité administrative, ne suffit pas; le percepteur doit à son tour faire parvenir aux contribuables les avertissements dressés par le directeur des contributions directes. Ces avertissements ne sont autre chose que des extraits du rôle et doivent énoncer la loi en vertu de laquelle les contributions sont établies, le montant détaillé de ce que chacun doit payer, tant en principal qu'en accessoires et centimes additionnels, enfin les formes dans lesquelles le paiement doit avoir lieu. Prévenus de la sorte, les redevables ne sauraient plus prétendre qu'ils n'ont pas connu la mise en recouvrement des rôles et qu'ils ignoraient la somme pour laquelle ils y étaient compris.

Les contributions sont payables par douzièmes; chaque douzième est exigible le premier jour du mois, pour le mois qui précède. Si elles sont payables par douzièmes, il est évident que ces termes ont été établis en faveur du contribuable, et il serait superflu d'ajouter que celui-ci peut, à son gré, payer plusieurs douzièmes ou la cote entière, mais il ne pourrait payer moins d'un douzième, le débiteur ne pouvant forcer le créancier à recevoir en partie le paiement d'une dette même divisible (art. 1244, C. c.). D'un autre côté, il ne pourrait se faire rembourser les termes payés à l'avance et non échus, attendu que les impôts sont dus en entier dès la mise en recouvrement et que les délais ne sont accordés que pour faciliter le paiement.

Si la division par douzièmes n'est au fond qu'une série de termes de paiements établis en faveur du contribuable, il doit en résulter que toutes les fois que les sûretés du trésor se trouvent diminuées, par exemple en cas de faillite, de décès, de vente, le montant total de la contribution devient exigible.

Lorsqu'un contribuable est en instance pour obtenir une décharge ou une réduction, l'exigibilité de l'impôt ne peut être suspendue qu'après le délai de trois mois à partir de la date de la réclamation, si celle-ci n'a pas été, dans ce délai, définitivement jugée (loi du 21 avril 1832, art. 28).

Les percepteurs sont tenus de se rendre en personne, à des jours déterminés, dans les communes de leur réunion autres que celles où ils sont obligés de résider, et de toucher là le montant des contributions. Le jour et l'heure de leur présence, le lieu où ils tiennent leur bureau, sont annoncés à l'avance par le maire; les contribuables sont tenus de s'y rendre et de porter eux-mêmes le montant de leur contribution. C'est ce que l'on exprimait avant 1789, en disant que les contributions étaient quérables et portables. Les receveurs de l'enregistrement et des domaines sont assujettis à cette règle comme tous les autres contribuables, et ils doivent effectuer au bureau du percepteur le paiement des contributions dues par l'État, alors même que les biens seraient affermés. Il n'y a d'exception que pour les contributions dues par les successions en déshérence. Dans ce cas, en effet, le domaine de l'État n'est, dans les premiers temps du moins, que dépositaire des biens du contribuable décédé, et c'est dès lors au percepteur à faire ses diligences pour le recouvrement. (Durieu, *Commentaire sur l'art. 20 du règlement.*)

L'impôt foncier est payable en argent ou en billets de la banque de France. La monnaie de cuivre ou de billon ne peut être versée que pour former l'appoint de la pièce de 5 fr. (Décret du 18 août 1810.)

Les percepteurs sont obligés d'émarger sur les rôles, en présence des contribuables et au moment du paiement, les sommes qui leur sont versées par ces derniers et de leur en délivrer quittance. Cette double obligation existait déjà dans l'ancienne législation des tailles; le défaut d'émargement entraîne encore aujourd'hui des peines graves.

Ils versent dans la caisse du receveur particulier la totalité de leurs recouvrements aux jours fixés par celui-ci. Lui-même verse les sommes qu'il reçoit à la recette générale du département, laquelle les tient à la disposition du trésor public.

§ 3. — Poursuites et privilége du trésor.

Le contribuable qui n'a pas acquitté au premier du mois le douzième échu pour le mois précédent est dans le cas d'être poursuivi. Pourtant il ne serait pas inconciliable avec cette disposition que la loi eût accordé quelque délai de grâce au contribuable, et c'est effectivement ce qu'elle a fait en ordonnant au percepteur de ne commencer les poursuites qu'après avoir adressé au contribuable retardataire une sommation gratis, laquelle doit être remise huit jours avant le premier acte entraînant des frais, et en réservant un intervalle entre chaque degré de poursuites.

Aucune poursuite donnant lieu à des frais ne peut avoir lieu qu'en vertu d'une contrainte décernée par le receveur particulier de l'arrondissement, en exécution du rôle, revêtue de la puissance exécutoire par le sous-préfet et publiée par le maire. Pour les premiers degrés de poursuites, elle est générale, c'est-à-dire qu'elle est délivrée contre tout débiteur en retard d'une commune; pour les autres degrés, elle est spéciale et nominative.

Les agents de poursuites sont les porteurs de contraintes qui agissent à tous les degrés; ils sont désignés par le sous-préfet, prêtent serment devant lui, et sont sous les ordres du receveur particulier, et les garnisaires qui ne sont employés que pour la garnison collective ou individuelle.

D'après le réglement du 21 décembre 1839, les poursuites présentent quatre degrés : 1° la garnison collective ou individuelle; 2° le commandement; 3° la saisie; 4° la vente.

1° *Garnison collective ou individuelle.* — Ce mode de poursuites est employé lorsqu'il existe des contribuables qui ne se sont pas acquittés dans les huit jours .qui ont suivi la sommation gratis. La garnison n'est qu'un moyen de déterminer le contribuable à se libérer par l'importunité de la présence d'un garnisaire. Elle est collective lorsqu'elle est exercée par un seul garnisaire contre tous les redevables retardataires. Elle est notifiée à chacun par un acte ou bulletin imprimé et rédigé d'après un état nominatif dressé par le percepteur.

Le salaire de l'agent de poursuites est réglé par arrêté préfectoral et consiste en une somme fixe par bulletin de garnison.

La garnison est individuelle lorsqu'elle a lieu contre un seul redevable par un garnisaire à domicile; elle ne doit être exercée que trois jours après la garnison collective, lorsque celle-ci a d'abord été employée, et encore faut-il que les impositions du contribuable s'élèvent à une somme fixée par le préfet et qui doit être de 40 fr. au moins. Le garnisaire ne peut rester plus de deux jours chez un même contribuable et plus de dix jours dans la même commune.

Le percepteur peut d'abord employer la garnison collective et ensuite la garnison individuelle; mais s'il commence par cette dernière, il ne peut revenir à la garnison collective contre un même contribuable et pour la même dette.

2° *Commandement.* — Si ces poursuites restent sans résultat, on a recours au commandement. C'est l'acte par lequel on fait sommation au redevable d'acquitter le montant de sa dette, en lui déclarant que, à défaut par lui de se libérer dans un délai déterminé, il y sera contraint par la saisie et la vente de ses biens.

Le commandement ne peut avoir lieu qu'en vertu d'une contrainte qui désigne nominativement le débiteur. Elle est décernée à la suite d'un état envoyé par le receveur particulier d'après l'inspection des rôles et la situation des poursuites. La contrainte comprend l'ordre de procéder à la saisie, si le contribuable ne se libère pas dans le délai de trois jours à compter de la signification du commandement.

3° *Saisie*. — Ce délai expiré sans que la libération ait eu lieu, il est procédé à la saisie du mobilier, des effets, des fruits pendants par racines. La saisie est faite pour tous les termes échus des contributions et pour ceux qui seraient devenus exigibles au jour de la vente. Une nouvelle contrainte n'est pas nécessaire; l'on procède, au reste, absolument comme pour les saisies judiciaires. En cas de revendication des objets saisis, l'opposition n'est portée devant les tribunaux civils qu'après avoir été, conformément à la loi du 12 novembre 1808, déférée à l'autorité administrative. Ne peuvent être saisis les objets mentionnés en l'art. 592 du Code de procédure civile : les instruments d'agriculture; les animaux destinés au travail, les outils du métier, les vêtements nécessaires, les lits, etc.

L'insolvabilité des individus est constatée, s'il y a lieu, par des procès-verbaux de carence, ou par de simples certificats du maire, si l'insolvabilité est notoire. Les percepteurs produisent ces certificats à l'appui de leurs états de cotes irrécouvrables pour en justifier le non-recouvrement.

4° *Vente*. — Si la dette n'est pas soldée dans les huit jours de la clôture du procès-verbal de saisie, il est procédé à la vente des objets saisis. Si ces objets sont susceptibles de dépérissement, le délai de huit jours peut même être abrégé. Pour ce dernier mode de poursuites, une autorisation spéciale du sous-préfet est nécessaire. La vente a lieu dans la commune où la saisie a été opérée dans les formes usitées pour celles qui ont lieu par autorité de justice (Code de procédure, Titres VIII et IX, livre V). Elle est faite par les commissaires-priseurs dans les villes où ils sont établis, dans les campagnes par les porteurs de contraintes. Ils doivent cesser la vente dès que le produit est suffisant pour solder le montant des sommes dues et des frais de poursuites.

S'il y avait lieu de craindre l'enlèvement furtif d'objets qu'il serait utile de saisir, le percepteur peut encore pratiquer sur eux une saisie éventuelle et y commettre des gardiens; il pourrait également mettre saisie-arrêt sur les sommes devant profiter au débiteur et qui se trouveraient entre les mains de ses fermiers, locataires ou autres personnes.

Privilége du Trésor. — Pour assurer le recouvrement de l'impôt, la loi a attribué au Trésor un privilége particulier. Ce droit, consacré par l'art. 2098 du Code civil, a été réglé par la loi du 12 novembre 1808. L'art. 1er porte que le privilége accordé au Trésor s'exerce avant tout autre pour la contribution foncière de l'année échue et de l'année courante sur les récoltes, fruits, loyers, revenus des biens immeubles sujets à la contribution. S'il était dû par un contribuable trois années d'impôts, y compris l'année courante, le privilége n'aurait lieu par préférence aux autres créanciers que sur les deux dernières années. On n'a pas voulu, dit M. Jaubert dans l'exposé des motifs de la loi du 12 novembre, que la durée de ce privilége pût entraver les transactions.

Le privilége du Trésor s'exerçant avant tout autre, il devra être préféré à tous les priviléges énumérés dans l'art. 2101 du Code civil. Cette règle, cependant, n'est pas si absolue que l'on ne doive donner à la créance des frais de justice la préférence sur celle des contributions directes. Les frais de justice sont, en effet, moins un privilége qu'un prélèvement, comme le fait justement remarquer M. Troplong, et ils sont nécessaires dans l'intérêt de tous les créanciers sans exception.

Il n'est donc pas douteux que les frais de vente, par exemple, ayant pour objet de convertir en deniers des objets mobiliers, ne doivent primer le privilége du Trésor.

On doit remarquer que le privilége pour le recouvrement des contributions directes ne s'exerce que sur les meubles et revenus, et non sur les immeubles eux-mêmes, le Code civil n'ayant pas conservé l'hypothèque légale antérieurement accordée au Trésor par la loi du 11 vendémiaire an VII, pour l'année courante et l'année échue de la contribution foncière. Cette abrogation est, du reste, formellement indiquée dans l'exposé des motifs de la loi du 12 novembre 1808. Il était essentiel d'en borner l'exercice de façon à ce que le droit de propriété ne souffrît aucune atteinte.

Le Trésor peut encore user, comme tout autre créancier, de ses droits sur les biens du débiteur, en se conformant aux règles du droit commun, et faire saisir et vendre ses immeubles. Cependant, cette vente ne saurait avoir lieu qu'avec l'autorisation du Ministre des finances, et encore faudrait-il que les biens affectés à la sûreté de l'impôt foncier fussent insuffisants.

CHAPITRE III.

Contestations relatives à l'impôt foncier. — Compétence et procédure.

Comme malgré les garanties établies par la loi, des erreurs peuvent se glisser dans le travail de répartition des impôts, la loi a dû, à côté des poursuites qui tendent au recouvrement, ouvrir aux contribuables la voie des réclamations, afin de leur permettre de protester contre des opérations qui léseraient leurs droits, et d'obtenir un dégrèvement s'ils ont été mal imposés ou si, justement taxés, ils viennent à perdre tout ou partie de leurs facultés imposables.

Si le contribuable invoque un droit que l'administration doit respecter, il aura recours au contentieux tantôt devant les juges administratifs, tantôt devant les tribunaux judiciaires; s'il se plaint seulement d'un intérêt privé, lésé par une mesure administrative, il aura recours à la voie gracieuse. La réclamation est alors de la compétence du préfet, sauf recours au ministre des finances.

L'art. 4 de la loi du 28 pluviôse an VII déclare que le conseil de préfecture statuera seul sur la demande des particuliers tendant à obtenir la décharge ou la réduction de leur cote des contributions directes. S'il fallait s'en tenir à son texte, cette disposition ne conférerait au conseil de préfecture d'attributions qu'en ce qui concerne les demandes en décharge et réduction, mais la jurisprudence a successivement donné à la loi une signification plus étendue, et on a fini par admettre définitivement en principe que le conseil de préfecture est juge de tout le contentieux des contributions directes. Cette règle, cependant, n'est pas absolue, et il convient de l'entendre dans ce sens que toutes les fois que la contestation doit être décidée par l'application des règles spéciales établies par la législation pour le recouvrement de l'impôt, c'est au conseil de préfecture à en connaître; qu'au contraire, c'est aux tribunaux civils à prononcer lorsque l'application des dispositions du droit commun est exigée par la contestation. Cette règle a été formulée par M. Durieu dans son commentaire sur le règlement du 26 août 1824. Or, tout le fond du droit en matière de contributions directes, ayant été réglé par des lois spéciales à la matière, tout ce qui tient à l'établissement de l'impôt et jusqu'à l'acte qui déclare le contribuable débiteur, est du ressort de la juridiction administrative. En ce qui touche les voies d'exécution pour le recouvrement, celles qui sont de droit fiscal appartiendront à la juridiction administrative, et celles qui sont de droit commun, à la juridiction civile.

Nous diviserons en trois parties l'étude des contestations qui peuvent naître à l'occasion de l'établissement de l'impôt, de la répartition, de la perception proprement dite.

§ 1er. — RÉCLAMATIONS CONTRE LES OPÉRATIONS CADASTRALES.

Nous suivrons pour ces opérations la division que nous avons établie plus haut, les voies ouvertes aux contribuables variant avec la nature des opérations.

1° *Réclamations contre les opérations d'art.*

Si quelques réclamations s'élèvent contre les opérations d'art, contre la délimitation des communes, la triangulation, la levée des plans, elles sont exclusivement du ressort de l'autorité administrative et doivent être adressées aux agents de l'administration, attendu qu'elles touchent essentiellement à la confection du cadastre. C'est ce qui résulte, au reste, d'une ordonnance du Conseil d'État du 30 juillet 1831.

2° *Réclamations contre la classification et le tarif.*

Ces opérations n'atteignant pas directement les propriétaires, ils n'ont également contre elles qu'un recours administratif, à moins que la réclamation ne soit faite par le propriétaire de la totalité ou de la presque totalité d'une culture; dans ce cas, la classification et le tarif des évaluations peuvent être considérés comme un véritable classement et atteignent directement le propriétaire qui réclame.

3° *Réclamations contre le classement.*

Les opérations de classement atteignant directement les intérêts des propriétaires, ils peuvent réclamer dès lors par la voie contentieuse, et c'est devant le conseil de préfecture que leur réclamation doit être portée. Les propriétaires sont avertis des erreurs qui auraient pu être commises dans le classement de leurs propriétés, en prenant connaissance des matrices et des états de section adressés aux communes et qu'ils ont la faculté de consulter.

4° *Délais dans lesquels les réclamations doivent être faites.*

Tout recours contre le classement doit être formé par le propriétaire dans les six mois qui suivent la mise en recouvrement du premier rôle cadastral. Ce temps expiré, les résultats du cadastre sont considérés comme définitifs, et nul ne peut être admis à prouver que le revenu de ses propriétés est moindre que le revenu attribué par le cadastre. Toutefois, on conserve le droit de réclamer pour des faits postérieurs et étrangers au classement, tels que la démolition d'une maison, la cession de terrains à la voie publique, l'envahissement par les eaux et tous autres événements imprévus et indépendants de la volonté du propriétaire, entraînant une perte de revenu.

Une seconde exception est admise lorsqu'il s'agit de propriétés bâties, non seulement pour destruction complète ou partielle, mais encore pour cause de surtaxe, car la valeur des propriétés bâties est beaucoup plus variable que celle des terres, et l'on ne pouvait pas admettre pour elle la fixité des évaluations résultant pour les propriétés non bâties de la loi du 15 septembre 1807.

Les réclamations sont dressées dans la forme ordinaire des pétitions. L'inspecteur des contributions directes est chargé de les instruire. Si elles ne sont pas acceptées par les propriétaires classificateurs qui doivent toujours être consultés, il en est donné avis au réclamant qui peut se pourvoir en contre-expertise. Le conseil de préfecture statue sur le rapport de l'inspecteur des contributions directes dans les dix jours de la remise des rapports des experts au préfet.

§ 2. — Réclamations contre la répartition.

Ces réclamations embrassent les demandes en décharge et en réduction. Les premières ont lieu lorsque le contribuable a été imposé pour un bien qui ne lui appartient pas ou dans une commune qui n'est pas celle où son bien se trouve situé, ou lorsqu'il se trouve imposé deux fois dans un même rôle pour la même propriété, soit en un mot qu'il y ait double emploi ou faux emploi. Dans tous ces cas, le propriétaire est imposé indûment, il peut demander sa décharge. Les secondes ont lieu lorsqu'il y a eu surtaxe, défaut d'égalité proportionnelle, erreur de calcul ou de cotisation, et que la cote, régulièrement établie d'ailleurs, est trop forte.

Elles appartiennent au conseil de préfecture.

Nous avons dit plus haut que la loi du 28 pluviôse an VII leur en attribuait spécialement la connaissance. Elles sont en effet fondées sur une cause de justice; le contribuable a *le droit* d'obtenir son dégrèvement, quand il est dans les cas prévus par la loi, puisqu'il ne réclame au fond que pour être dispensé de payer ce qu'il ne doit pas. Elles sont donc contentieuses de leur nature, et la seule différence est que les unes ont pour but un dégrèvement partiel et les autres un dégrèvement total.

Toutes ces réclamations, qu'elles aient pour objet un rappel à l'égalité proportionnelle ou tout autre cause, doivent être présentées dans les trois mois de la publication des rôles. Ce délai est fatal et les réclamations postérieures sont frappées de déchéance.

Les contribuables ont seuls qualité pour faire les demandes en décharge ou réduction. Mais il faut qu'ils justifient par la quittance du percepteur qu'ils ont payé les termes de leur cote échus au jour de la demande.

Si les demandes en décharge ou en réduction prouvent une erreur de répartition à l'égard de certains contribuables, elles ne prouvent pas que la commune ait été elle-même trop imposée ; aussi la réimpose-t-on jusqu'à concurrence de la somme totale des dégrèvements individuels. Ce résultat explique le droit réservé aux maires, dans l'intérêt des communes, de se pourvoir contre l'arrêté du conseil de préfecture qui admet la réclamation des particuliers.

Le recours dirigé soit par le contribuable, soit par le maire au nom de la commune, est porté, d'après les règles du contentieux administratif, au Conseil d'État qui statue souverainement.

§ 3. — Réclamations contre la perception proprement dite.

Sous ce titre, nous étudierons : 1° les demandes en remise et modération ; 2° les réclamations que peuvent soulever les actes du percepteur.

Les demandes en remise et modération ont pour objet d'obtenir, pour le cas où le contribuable a perdu tout ou partie de ses facultés imposables par suite d'accidents, soit la remise totale de sa cote, soit la modération, si la perte n'a été que partielle.

La grêle, la stérilité de l'année, l'inondation, l'incendie, sont une cause de remise ou de modération ; il en est de même du défaut de location ou d'habitation des maisons. Dans ces circonstances, le contribuable invoque des considérations d'équité, la lésion d'un simple intérêt et non la violation d'un droit acquis ; il peut obtenir un dégrèvement, il n'a pas le droit de l'exiger. Les remises et modérations sont donc des actes de justice gracieuse, et dès lors, la loi devait remettre à l'autorité purement administrative du préfet le soin de prononcer.

Tandis que le montant des décharges et réductions est réparti l'année suivante par voie de réimposition, il n'en est plus de même pour les remises et modérations prononcées au profit des contribuables, lesquelles constituent, pour l'État, une perte couverte au moyen des fonds de non-valeur remis chaque année au préfet.

Un tiers de ce fonds de non-valeur, obtenu à l'aide de centimes additionnels, est laissé à la disposition du préfet pour être distribué entre les communes ou les particuliers dont les réclamations ont été reconnues le mieux fondées. Cet état de distribution est communiqué par celui-ci au Conseil général, qui peut ainsi contrôler l'emploi de ces deniers. Les deux autres tiers restent aux mains du ministre des finances pour être répartis entre les départements qui ont le plus souffert (arrêté du 24 floréal an VIII, art. 28).

La voie à suivre pour obtenir le dégrèvement est une pétition adressée au sous-préfet, qui la transmet au contrôleur des contributions directes. Celui-ci fait vérification et dresse un rapport, sans consulter cette fois les répartiteurs, la commune n'étant plus directement intéressée, et sans qu'il y ait lieu à expertise. Ce procès-verbal est remis au directeur des contributions directes; la réclamation, approuvée par lui, est portée immédiatement devant le préfet qui statue, sauf recours au ministre des finances si la demande n'était pas accueillie.

Il nous reste à étudier les réclamations que peuvent soulever les actes eux-mêmes du percepteur. Le réglement des compétences, en ce qui concerne ces actes et particulièrement les poursuites relatives au recou-vrement des contributions directes, présente souvent de grandes difficul-tés. En effet, les contestations auxquelles donne lieu l'inexécution des contraintes sont bien souvent complexes et peuvent ressortir simultané-ment à la juridiction administrative et à la juridiction ordinaire, de sorte que la ligne de démarcation devient, en cette matière plus qu'en tout autre, difficile à établir. Il ne saurait nous convenir d'entrer à ce sujet dans de longs développements. Disons seulement que les réclamations qui se rapporteraient plus spécialement à tous les actes précédant la contrainte et qui porteraient sur le titre sur lequel le percepteur se fonde, seront de la compétence de l'autorité administrative.

Le conseil de préfecture sera donc compétent pour toutes les contesta-tions qui porteront sur le défaut de publication régulière des rôles dans la commune; sur les questions relatives au défaut de remise soit des aver-tissements, soit des sommations; sur la régularité du titre, à moins qu'au lieu de procéder par voie d'opposition aux poursuites, le contri-buable n'attaque le percepteur par une action en concussion; sur la régularité des actes de poursuites qui ont précédé le commandement, notamment la garnison collective ou individuelle.

Il devra également connaître de la régularité et de la force obligatoire des quittances délivrées par les percepteurs aux contribuables.

Les tribunaux judiciaires seront au contraire seuls compétents, lorsqu'il s'agira de poursuites postérieures au commandement, telles que les actes de saisie-arrêt, de saisies, de ventes. Ces poursuites ne présentent plus le caractère d'actes administratifs et doivent être réglées conformément au Code de procédure civile.

Devant connaître des difficultés dont la solution exige l'application des règles de droit commun, ils statueront également sur les questions de propriété, d'hérédité, de subrogation, de prescription, de revendication, de meubles saisis sur des contribuables ou sur des tiers, de distraction des objets insaisissables, etc.

Dans certains cas, si des tiers, par exemple, débattent entre eux la question de savoir qui doit, aux termes d'un bail, rester chargé de l'impôt foncier, les tribunaux ordinaires prononceront de même, parce que le Trésor est sans intérêt dans la contestation et qu'il ne s'agit que d'un intérêt privé.

QUESTIONS CONTROVERSÉES.

DROIT ROMAIN.

La déclaration de chaque propriétaire servait de base à l'établissement de l'impôt foncier; les *censitores* ne dressaient pas de plan parcellaire général.

Les choses *nec mancipi* étaient, comme les choses *mancipi*, frappées du *census* établi par Servius-Tullius.

Le mariage ne se forme pas *solo consensu*.

DROIT CIVIL.

L'officier de l'état civil *peut* inscrire dans l'acte de naissance le nom de la mère naturelle, s'il lui est déclaré; il n'y est pas tenu.

Les travaux faits pour prescrire le droit de recevoir les eaux qui proviennent d'une source située dans un fonds supérieur doivent être faits, au moins en partie, sur le fonds supérieur.

L'enfant qui renonce à la succession pour s'en tenir aux biens qui lui ont été donnés ou légués ne peut retenir que la quotité disponible ordinaire.

Les donations déguisées sous la forme d'un contrat à titre onéreux ne sont pas valables.

Pour qu'il y ait remploi au profit du mari, l'acte d'acquisition doit contenir cette double déclaration : 1° que l'immeuble est acquis des deniers provenant de l'aliénation de son propre; 2° qu'il est acquis pour être subrogé aux lieu et place du propre aliéné.

Le remploi effectué au profit de la femme s'analyse en une véritable *gestion d'affaire*, et non point en une *datio in solutum;* il remonte, quant à ses effets, au jour même de la vente, tant à l'égard des ayant-cause du mari qu'au regard du mari lui-même.

DROIT COMMERCIAL.

Ce qui caractérise la commission, ce n'est pas la nature commerciale de l'opération, mais le fait que le commissionnaire agit en son propre nom pour le compte du commettant.

DROIT PÉNAL.

Dans le cas prévu par le 1er § de l'art. 317, il n'y a lieu à condamnation que si la tentative d'avortement a réussi.

DROIT ADMINISTRATIF.

En matière de privilége, il faut donner à la créance des frais de justice la préférence sur celle des contributions directes.
Le privilége du Trésor ne s'étend pas sur les immeubles.

J.-M. FILATRE.

Vu pour l'impression :

Le Doyen,

Ed. BODIN.

Typ. Oberthur et fils, à Rennes.